中共百年看習近平十年

洪耀南——著

增訂新序

這本書《中共百年 看習近平十年》從二〇一五年開始寫作，兩年多的寫作，直到十九大前夕出版。從十八大以來習近平的作為，研判認為十九大是習近平時代的開始，未來至少還有十年是習近平掌權的時代。

二〇一八年農曆年後，中共丟出召開三中全會，這是打破過去的慣例，可見二中全會針對修憲未能達成共識，在兩會之前召開三中全會。提前曝光有關國家主席、副主席取消二屆任期的修憲法案，外界多解讀這是習近平邁向終身制的開始，筆者則是如此認為：過去習近平談最多的是從嚴治黨、依法治國，修憲取消了任期限制，是總書記與軍委會主席、國家主席三位一體的同步化，有效解決在毛澤東到鄧小平時期，一線二線統治的分歧，並落實「黨管一切」取代以黨領政，黨政同步的習近平新時代。而在十九大未立接班人下，習近平至少還要掌權十年。

習近平領導的中國正面臨著政治、經濟、社會三者同時轉型的時期，加上在國際間的崛起機會與挑戰，問題重重，壓力不小。如果習近平的領導取得重大成績，台灣問題的排序就不會上升；但如果失控？那麼台灣也可能是問題的出口。所以中國的內政問題、國際問題與台灣問題，都具有連動性。

理解習近平要先認識中國共產黨，希望這本書有助於大家認識習近平，了解中國共產黨。

洪耀南

二〇一八年二月二十七日

推薦序

成為中國領導人所要面對的練「習」題

日本常葉大學法學部教授
前國安會諮詢委員
林成蔚

「地緣政治2.0」是近年備受矚目的概念。冷戰終結與全球化的潮流形成了以美國為中心，自由主義為主的國際秩序。以往的地緣政治學從宏觀角度，分析地理環境對國家政治、經濟、軍事安全的影響曾經被認為不再具有說服力，這樣的趨勢正在逆轉中。日本的國際政治學者也開始提倡「地緣政治2.0」，指出種種現象是升級版地緣政治形塑國際政治脈動的重要因素：氣候變遷使得鄂霍次克海成為新的戰略據點，頁岩油革命造成了能源大國新的合縱連橫，網絡空間與宇宙技術進化拓展出激烈競爭的新次元。更為重要的是，全球勢力均衡的變化、國家資本主義的擴大、民主主義的衰退，則是承載著展開「地緣政治2.0」賽局的大潮流。

中國，毫無疑問的是這些自然界與人類集體行為所導致結構性變遷的主角與主要因素。了解並與中國來往，成為所有社會、國家的最重要必須任務。日本的學者專家媒體，當然也下了很大的功夫。

二〇一二年初，被封為「中國高層政治通」的日本記者矢板明夫，出版一本《習近平：共產中國最弱勢的領袖》（日文原名是《習近平：共產中國最弱勢的「帝王」》），一時造成洛陽紙貴，隨著習近平執政走完第一屆，相信沒有人會再認為習近平是最弱勢的領導人，成為接班人之前的習近平所展現的政治態度或手腕十分低調，是什麼原因讓習近平從最弱勢的領導人成為最集權的領導人？這一直是我最想了解的問題。

十九大前夕，日本《讀賣新聞》率先丟出一份「北戴河會議」後沒有王岐山的十九大新常委名單，引起全球高度關注。日本記者對了解中國共產黨統治所下的功夫無庸置疑，但用來批析本是革命政黨的中國共產黨，尤其人事卻是最傳統的宮廷政治權謀之術，這樣的角度是中國觀察家（China watchers）最常使用的手法，有如叫座的政治懸疑電影，精彩刺激讓觀眾等不及的想看到結尾，但卻往往無法滿足我這個中國研究素人的好奇心：這些人事變動之後是否會改變「決策」方式？對中共政權的各種重要政策有什麼影響？

耀南兄新書，從新聞事件為起點，用中共黨史的觀點來詮釋，用縱深的視點來檢驗習近平的挑戰與決策，如何解決當前的問題，如何稱霸權謀，如何執行治理，讓習近平從最弱的帝王成為最強勢的領導核心。譬如，「抓穩槍桿子，再抓筆桿子」能讓讀者一窺究竟「習近平之流」的權鬥手法，「中國從絕對貧窮到相對貧窮」則替我們勾勒出現代中國在經濟社會層次上面臨的課題。這本書深入淺出的滿足了我這個非中國研究專家的好奇心，各種問題與挑戰成為煉就習近平的練習題。耀南兄筆下的習近平政權，是結合政治鬥爭與經濟發展、乃至兩岸關係與強國外交的產物。十九大之後的習近平政權將會以更鞏固的權力結構持續執政，絕對是日本台灣與其他國家更應該隨時密切關注與研究的對象。

優質的時事專欄能夠提供一般讀者跟上時代變化的資訊與視野，也能夠襯托出研究專書的深厚探究。就像日本的「懷石料理」中第一道被端到客人眼前的「向付」。傳統的懷石料理，是進行茶道儀式前稍微果腹的簡餐。烹煮的三大原則是，使用季節性的食材、以發揮食材既有的味道與口感為主、秉持誠摯接待之心。懷石料理可以展現出即將奉茶主人的品味與格調。首先跟飯、湯一起端出的「向付」，盛的往往是魚肉的刺身，襯托出小小一口米飯的淡香，激發出品嚐湯裡味增與季節野菜的味覺。「向付」扮演者無比重要的角色。如果，飯、湯是了解中國的研究專書，耀南兄的評論定是絕佳的「向付」。

推薦序

「兩個一百」賽局下，兩岸的機會之窗

淡江大學中國大陸研究所副教授
張五岳

長期以來不論以往的中共研究或是當代的中國研究，研究統治全球近五分之一人口中共最高領導人的精英研究途徑，始終是顯學。知彼知己的兩岸關係亦復如此，眾所皆知影響兩岸互動關係，主要三個面向：其一為外在國際政經體系的重大變遷制約，尤以美、中關係是當前影響全球暨台海兩岸最為關鍵。其二為兩岸關係的政治互信基礎，也會影響到兩岸交流與協商。其三為兩岸各自雙方內在因素的制約，特別是民族主義高漲的中國大陸VS.歷經三次輪替後民主多元的台灣的碰撞。

兩岸關係的對臺政策對於中共最高領導人而言，不僅涉及到執政基礎的

正當性，有時更關乎到歷史地位的評價。因此，歷任最高領導人基於不同的人格特質與領導風格、不同的內外時空環境變遷、不同時期兩岸關係的互動與實力對比，自然會提出不同的政策方針與策略方法。相較於中共歷任領導人，習近平不僅曾在福建工作十七年，更是鄧小平後罕見的政治強人（在十八屆六中全會已確立了習核心，在二〇一七年兩會上俞正聲的政協報告八次強調習核心，李克強的政府報告也六次強調習核心），今年的中共「十九大」必將在黨章與路線上確立，並可能在二〇一八年三月修憲將習近平冠名的意識形態納入憲法。

當前台灣必須務實面對與有效因應，如何面對一個對台灣自由民主人權等西方普世價值沒有任何好感，但卻高舉中華民族偉大復興與矢志實現兩個一百年大全集於一身的民族主義領導人；更應高度關注習近平在中共「十九大」後，所高舉中華民族偉大復興與「兩個一百」的時間表中，中共在反獨與促統的進程上，會採取何種戰略與策略。因此，短期而言，台灣應關注二〇一七年十月十八日召開的中共「十九大」的政治報告有關「涉台政策」部分所揭櫫的路線方針、「十九屆一中全會」與二〇一八年二月「二中全會」後的高層權力部署；中期應關注在中共「十九大」後，到二〇二〇年的台灣大選前後與二〇二一年「第一個百年」，北京對台政策是否會有重大的改變與作為；長期則應關注二〇二二年中共「二十大」後，到二〇四九年第二個百年間，屆時對台政策會有何種變化。

當前兩岸關係最具隱憂的是，雙方領導階層欠缺良好溝通與互信，一方所釋放的善意，經常在對方的等待與疑慮中不斷的流逝與無法積累；但一方意圖對內交代的言語與作為，卻因欠缺事前溝通與理解而經常被對方視為惡意與挑釁。是以，面對未來三到十年期間，兩岸執政當局究竟如何建立有效的溝通管道途徑，這不僅攸關到兩岸的談判協商與官方互動交流是否得以恢復，更是當前兩岸關係亟需思索的當務之急。面對台海兩岸的挑戰與機遇，究竟是應該盡一己之力抓住任何的機會之窗，形塑一個可能的良性互動；抑或坐等對方善意而等待果陀，一再錯失良機徒呼奈何。不同的思維道路選擇也會決定兩岸關係不同的前景。

二〇一七年適逢台灣解除戒嚴開啟民主化道路，暨開放台海兩岸探親交流屆滿三十週年；也是海峽對岸中共召開「十九大」開啟習近平時代。值此重要關鍵時刻，非常高興能夠事先仔細拜讀洪耀南兄的大作《中共百年看習近平十年》。個人與耀南兄相交甚久且教學相長，耀南兄係台灣目前年輕一代同時專精於民意調查、公共政策、中共研究暨兩岸關係，乃至國際選舉觀察與ＮＧＯ……等相關領域的傑出人才，他不僅勤奮好學讀萬卷書，更前往全球觀選考察行萬里路。相信本書的出版，對於外界觀察在過去五年與未來五年對外推動一帶一路國際新戰略、對內大力推動反貪腐與軍事改革，可謂中共歷任領導人無出其右的習近平，提供了一個精彩的評論，故個人在事先拜讀深感獲益之際，也樂以為序推薦。

推薦序

習近平掌政十年後的百年中共

中華民國駐泰國代表
童振源

現在研究中國大陸的學者，必須瞭解大陸的政治、經濟、社會、文化、媒體、公民社會、港澳發展、兩岸與國際關係。這是一件非常不容易、也是經常會誤判的分析工作。耀南兄從中共歷史演變長期觀察與剖析中國大陸國內外情勢，讓我們可以從錯綜複雜的歷史當中得到更清晰的中國大陸發展的圖像，令人佩服。

再過四年，中國共產黨便成立一百週年，歷經黨爭、長征、抗戰、建國、三反五反、大躍進、文化大革命、改革開放、六四事件、第三代領導人繼承、第四代領導人繼承、第五代領導人繼承，至今要進行第六代領導人繼承，中共權力繼承與政治運作已經逐步制度化。但是，習近平過去五年的施政與政治運作，正在改變中共權力繼承的規則與國內發展的軌道。

文革以後，大陸內部權力鬥爭與繼承，存在刑不上政治局常委與軍委的政治潛規則，以維持政局的穩定與和諧。但是習近平上台後，政治局常委周永康、中央軍委副主席徐才厚與郭伯雄相繼因為貪腐問題被開除黨籍、進行審判。徐才厚在審判期間死亡，周永康與郭伯雄都被判處無期徒刑。更重要的，還有習近平的政治對手、政治局委員薄熙來，因貪腐被判處無期徒刑，不服上訴（好像是第一次政治局委員不服判決），上訴法院仍維持原判。

還有，最可能成為第六代領導人的兩個人之一、重慶市委書記孫政才在今（二〇一七）年七月意外落馬，另外一位是廣東省委書記胡春華則成為最有可能的第六代接班人。中共中央先決定孫政才不再兼任大陸重慶市委書記、常委、委員職務，隨後指孫「涉嫌嚴重違紀」，由中共中央紀委對其立案審查。更早的是去（二〇一六）年七月，政治局委員令計劃也因受賄罪而被判處無期徒刑。

這些貪腐調查與判決結果讓第六代領導人繼承充斥政治權謀的猜測。反貪腐當然是大陸人民的心聲，但是缺乏民主與媒體監督及獨立公正的司法調查，如何確保反貪腐不會成為選擇性司法審判的權力鬥爭手段？據傳，薄熙來、周永康、郭伯雄、徐才厚都是因為權力鬥爭失敗而遭到清算鬥爭，國外媒體也盛傳中共很多高層都涉及到貪腐，包括首席反貪大將、中央紀委書記王岐山。這些臆測都無法透過適當監督與司法調查來釐清，難免令人聯想習近平透過反貪腐清除政治對手。

習近平目前只有六十四歲，到二〇二二年中共第二十屆全國黨代表大會才六十九歲，似乎還有體力繼續領導中共，而且總書記一職並沒有明文規定擔任的年限，只有大陸憲法限制國家主席只能擔任兩任共十年。如果習近平與政治局常委沒有明確推舉第六代接班人、或者新任繼承人不足以服眾，習近平繼續掌權的可能性便大增，導致鄧小平以來建立的政治繼承與平衡規則會有重大改變。

不僅大陸政治運作與繼承面臨巨大轉變的可能性，而且大陸的經濟轉型、社會發展、港澳發展、兩岸與國際關係在過去五年都發生巨幅轉變。也就是說，習近平過去五年掌權到未來五年執政共計十年的大陸國內外情勢變化，可能讓中共百年的發展面貌丕變，是國人需要密切關注與迫切瞭解的課題。

耀南兄長期對中國大陸內外情勢發展觀察入微、筆觸細膩，提供國人非常關鍵的評估報告。透過這些精闢短文分析中國大陸國內外情勢，包括兩岸關係發展，是台灣政府、企業、學界與社會瞭解中國大陸發展最關鍵十年的必讀作品。

二〇一七年九月三日

推薦序

道雖不同，其爭也君子

中國文化大學國家發展與中國大陸研究所教授兼代所長
龐建國

我和洪耀南的關係，是師生，是朋友，也是對手。課堂上，我是他的老師，博士論文的寫作上，我是他的指導教授，我們有著師生之誼。下了課，閒聊時，耀南的見聞很廣，有趣的風花雪月乃至於內幕消息不少，我們以朋友相交。談到了政治，特別是對大陸情勢和兩岸關係的看法，我們各有堅持，是藍綠分明的對手。

不過，儘管我和耀南的政治立場不同，觀點經常針鋒相對，我必須要說，他是我認識的綠營人士中，頗適合交流切磋、對話溝通的一位。他一方面活動能力很強，另一方面讀書和寫作也頗勤奮努力，評論起事情來，有他獨特的觀點。雖然這些觀點我未必同意，卻也促使我去體會另外一種角度的思維，所以，當耀南要我為他的書寫序時，我毫不猶豫地答應了。

在這本名為《中共百年 看習近平十年》的書中，耀南用結合中共黨史和當前時事的手法，對於大陸情勢和兩岸關係提出了許多分析和評論。行文中，大家可以見識到，耀南對於中國共產黨的黨史下了一番工夫，所以，「古田會議」、「通道會議」、「猴場會議」和「遵義會議」這些歷史場景，他信手拈來；毛澤東、周恩來、劉少奇和鄧小平之間的恩怨起伏，他娓娓道出。同時，耀南也表現了他對於當前大陸情勢的高度關注，特別是習近平上任以來的演變，是他探討的重點。

說句老實話，我對於耀南在此書中所採取的分析角度和評論立場，並不是很贊同。基本上，耀南採取的是帶點獨派色彩的自由主義立場，從較高標準的民主籲求切入，所以，批判意味較為濃厚，甚至於偶爾出現敵意。在這樣的觀察之下，大陸難免問題叢生，危機四伏。

我對於大陸情勢的看法，傾向於採用國家發展比較研究的視角，把大陸擺在國際性歷史結構演進的脈絡中，橫向與當前或過去發展階段相近的國家做比較，縱向看其發展情形的前後對照。在如此的觀察下，大陸的發展是相對安全、穩健、可持續的。

這兩種立場和視角的是非高下，暫時不會有定論，唯有待時間來檢驗和確證。值得強調的是，雖然我和耀南對於大陸情勢與兩岸關係的分析判斷迴異，但是，從來不妨礙我們之間的交往與情誼。他還是敬我為師，我仍然視他為友；道雖不同，其爭也君子。這是我們彼此之間交往的基調，我希望這樣的相處氛圍和對待之道，也能夠出現在兩岸之間。

推薦序

以史為鑑，看懂習近平

《新新聞》總主筆
顧爾德（郭宏治）

隨著中國崛起，中國研究成為全球顯學；愈深刻融入國際經貿網絡，也讓中國各方面訊息愈見開放。許多境外學者、記者與研究人員，也從中國取得第一手的田野資料，而中外學者也更多地採用社會科學的方法來瞭解、詮釋中國。

在中國還沒有像如今這般開放前，研究中國的學者、政策規畫者與新聞工作者，要從中共官方的媒體、文件檔案仔細爬梳，尋找其中的蛛絲馬跡，做為判斷中國情勢的依據。而如何正確解讀這些資料，多有賴於對中國共產黨長期歷史的深入考察。這樣紮實的苦工夫在台灣早期中國問題這個學門還處於「匪情研究」的年代，是非常重要的訓練。台灣在這方面累積了相當的資源、人才與實力，這也是台灣在全球中國研究中頗獨特之處。

經濟發展讓今天中國的面貌已全然改觀，那些看似老掉牙的中共黨史如今還有價值嗎？從習近平身上就可以知道答案。

這位根紅苗正的共產黨領導人，父親一輩是中華人民共和國的開創者，習近平念茲在茲的「中華文化偉大復興」，其中一個重要部分就是要維繫中國共產黨的「光榮傳統」。他警告：「腐敗越演越烈最終會亡黨亡國。」他不可能讓父親一代打造的黨崩解。他是毛澤東的好學生，他的行事風格與政策目標，深受中國共產黨傳統的影響。

要瞭解習近平，就得瞭解植入他細胞的中共基因；要瞭解習近平時代的中國，也必須熟悉中共黨史。不過，到了二十一世紀的今天，甚至中國大陸年輕一代也不見得能熟稔中共近百年的歷史，但台灣當年「匪情研究」傳統的紮實方法論，還傳承到不少中生代中國研究與觀察者的身上。

洪耀南就是其中一位。中國大陸研究是他的本行，專業的訓練讓他熟稔中共黨史。而從年輕時代開始，洪耀南就積極參與台灣的政治社會運動，近年來更經常赴世界各地考察各國民主轉型的實況。這些訓練與經驗讓他在觀察中國問題時，能有歷史縱深與比較政治的視野，同時，本身的政治實踐經驗讓他更能掌握中國政治行為者的行事邏輯。

《新新聞》週刊很榮幸能邀請耀南兄為我們每週寫專欄分析中國問題。他的文章最大的特色就是能以史為鑑，用中共黨史的實例，讓讀者更能理解今天中南海決策者是如何思考問題，中國的現況與難題是在什麼樣的歷史脈絡下形成。

如今耀南兄把專欄結集出版，讓讀者更清楚瞭解他一貫的理路與思考，也指引讀者更精確而深刻地掌握習近平時代的中國。

一篇不能具名的推薦序

臺商企業負責人

由於工作的關係，我經常往來於台灣與中國大陸之間，經常與台灣及中國大陸的知識分子聊天。因此，我自認是對中國大陸有相當了解的，也因此，我覺得台灣人對中國大陸是十分不了解的。

因為在台灣，對中國大陸局勢公開發表評論的，往往是一些學者專家，但是學者專家大多是遠距觀察、霧裡看花，他們的判斷往往跟實際狀況相距甚遠；而相對的，那些住在中國大陸的台商對中國大陸的政經狀況十分了解，但是他們不敢寫，也不敢公開說，說了要不是得罪中國政府，就是會得罪台灣的網民。而得罪了這兩者，下場通常都很不好。產業界的人不想沒事惹事，所以就乾脆不說。

也就是說，對於中國大陸政經局勢，說的人往往不是真懂，懂的人往往不說。但是洪耀南是個例外，他既是個學者，也是個成功的企業家，所以他知道中國大陸各種錯綜複雜的潛規則是怎麼一回事。此外，他熟讀中國共產黨的歷史，也結交了一群在中國大陸長期居住過的台商，所以他的消息靈通，知道那些看似荒謬的消息是真的，那些看似合理的消息是假的。

洪耀南很勇敢，在《新新聞》寫了一年多的專欄，又出了這本書。這本書可以幫助台灣人更加的了解中國大陸，而增進雙方的了解，對於統派跟獨派都是一件大大的好事。但是不知怎的，我開始為他的安危擔心起來。至於我，我只是一個膽小的商人，沒事不想惹事，所以雖然我大力推薦這本書，但是卻不敢具名。

CONTENTS

第二篇　問題與興利

第三篇　香港與兩岸

第四篇　強國崛起

習近平上台前，十八大的接班風風雨雨，各項陰謀論繪聲繪影，習近平的權力穩定成為各方觀察的重要指標，從領導小組的改革，到打貪反腐、爭取核心、媒體姓黨、軍隊改革、地方省市人事布局。習近平的第一任任期，到底是打貪反腐？還是權力鬥爭？或是二者均有之，各方解讀角度詮釋不同，但藉由除弊達到權鬥，更有正當性，也會獲得民意的支持。

第一篇　除弊與權鬥

「新時代」怎麼送走老馬這尊神？

中共意識型態的班傑明奇幻旅程

習近平在十九工作報告，提起一百年前，蘇聯十月革命給中國送來馬克思列寧主義（Marxism-Leninism）。習近平政治上承接毛澤東的意識型態，在經濟上則是採鄧小平的市場經濟。這是個矛盾，新時代中國特色的社會主義思想，到底會走回中共初心？還是導入更多市場力量來解決目前的矛盾？

中共百年以來的意識型態變化，猶如《班傑明的奇幻旅程》（The Curious Case of Benjamin Button）這部改編自美國名作家費茲傑羅（Francis Fitzgerald）同名短篇小說的電影。

馬克斯主義原汁照搬或在地化？

故事敘述開場說：「我是在不尋常的情況下誕生的。」這是關於一個男子出生時已經八十歲，但他的年紀隨時間的逆流，外表卻愈來愈年輕，但他無法停止時間倒轉。故事恰巧是發生在蘇聯革命的隔年，他經歷一場異於常人的奇幻旅程，其過程跟中共百年來意識型態的變化有異曲同工之妙。

中共建黨以來到取得政權之間，意識型態都處於一個爭論：馬克思主義要原汁原味照搬？還是要解決馬克思主義中國化或在地化的問題？中共分成二派，國際派以王明、博古、張聞天等人為代表，主張原味照搬；另一派是以毛澤東為主的草根派，提出建立根據地、農村包圍城市和游擊戰等路線。目前中共黨史稱國際派為教條主義的左傾路線。

毛澤東辭世之後，華國鋒高舉「兩個凡是」走毛主席路線，被鄧小平用「實踐是檢驗真理的唯一標準」擊潰，用不管黑貓白貓能抓到老鼠就是好貓，反擊「寧要社會主義的草也不要資本主義的苗」這種意識型態。用摸著石頭過河，強調社會主義也可以搞市場經濟，宣示將黨和國家的重心轉到經濟建設。

一九八一年十一屆六中全會，成功逼退華國鋒，並通過「關於建國以來黨的若干歷史問題的決議」，總結毛澤東的功過，並定調中國仍處於社會主義初級階段。鄧小平整整用了五年時間（一九七六年到八一年）才取得意識型態主導權。

伺機而動的毛左派

毛左派雖然暫時偃旗息鼓，卻伺機而動。一九八九年天安門事件發生，老左派認為抓到機會可以反撲。九〇年二月當時左派的中宣部長王忍之在《人民日報》發表〈關於反對資產階級自由化〉，提出一個重要問題：中國是推動資本主義化的改革？還是推動社會主義的改革？開始姓「資」還是姓「社」的爭論。這場爭論直到九二年鄧小平南巡講話才告終。

九二年鄧小平在「南巡講話」回應，著重於打破姓「社」、姓「資」的爭辯迷思，希望透過對於「社會主義市場經濟」的號召，高舉「具有中國特色社會主義」路線的定調。鄧小平提出「計畫多一點還是市場多一點，不是社會主義與資本主義的本質區別。計畫經濟不等於社會主義，資本主義也有計畫；市場經濟不等於資本主義，社會主義也有市場，計畫和市場都是經濟手段；社會主義的本質，是解放生產力、發展生產力……」

由鄧小平出面平息這場姓社或姓資的爭論，讓江澤民上台後有利在九二年十四大工作報告中高舉「社會主義市場經濟」，就是社會主義的市場經濟，再一次意識型態的轉變，確定持續走改革開放。直到二〇〇二年中共十六大通過三個代表，讓企業家入黨，在意識型態上衝破無產階級專政。

高成長不再，左的意識型態蠢蠢欲動？

中國過去用成長取代分配，用成長壓抑矛盾，也是政權合法性的重要支撐，但當成長遲緩或放慢、社會不公平的矛盾愈明顯時，蟄伏的意識型態蠢蠢欲動，尤其是老左派不斷提出批判。

要解決矛盾，到底是引進更多市場力量？還是回到社會主義的道路？習近平如何在社會主義的意識型態下進行再一次轉變？

習近平的「新時代中國特色社會主義思想」不僅要先解決毛澤東思想與鄧小平理論的對立，還要解決馬克思主義的問題，真的是迎神容易送神難。

習近平為了收拾改革開放所產生的問題，提出兩個不能否定：不能用改革開放後的歷史時期「否定」改革開放前的歷史時期，也不能用改革開放前的歷史時期「否定」改革開放後的歷史時期。

全盤否定毛澤東，共產黨和社會主義還站得住腳？站不住就會天下大亂；同樣的，否定鄧小平也等於否定中共四十年的路線。因此習近平的新時代需要在挺毛派與挺鄧派之間取得平衡。既然畫出新時代的這一條線，就得有效區隔過去改革開放以來的舊時代，新時代是否可以拋開舊包袱？

鄧小平說：「我們搞改革開放，把工作重心放在經濟建設上，沒有丟馬克思，沒有丟列寧，也沒有丟毛澤東，老祖宗不能丟啊！」但他南巡時強調的是：「中國要警惕右，但主要是防左。」這句話至今仍適用。

新時代的思想路線鬥爭

共產主義運動是要由共產主義初級的社會主義向高級的共產主義推動，社會主義就是共產主義的初級階段。毛澤東帶領新中國快跑進入共產社會，鄧小平則宣告中國還未進入社會主義，只處於社會主義初階段，遑論共產主義。這個尚未解決的理論包袱，仍不時會被「左派」拿出來做政治鬥爭的思想武裝，這也是習近平在「新時代」將面臨的思想路線鬥爭。

制度變革難脫權力鬥爭的計算

決策機構轉移——習總書記會變成黨主席嗎？

一九八九年夏天，鄧小平在北京景山後街家中思考著：為什麼建國以來，從毛澤東到鄧小平完全掌權為止，都無法擺脫權力接班的鬥爭？無法透過接班制度建立，讓接班能過穩定過渡？

總書記掌權仿自蘇共

十九大前夕，外傳習近平取消政治局常委、要恢復黨主席制、要打破「七上八下」（即六十七歲續任、六十八歲退任）慣例、還要破除隔代指定接班。但到十九大一中全會底牌揭曉，有慣例也有打破。不過中共歷史中，透過制度變革取得權力或改變權力，是不變的定律。

中共制度是學習蘇共而來，在一九一七年十月革命之後，蘇共設置中央委員會書記一職，列寧（Vladimir Lenin）擔任蘇共最高領導人，由中央委員會與書記處來處理黨務。

到了一九二一年，中央委員會正式宣告，在組織沒有異議下，書記處的決定就是代表組織當局的決定，書記處成為蘇共最高執行機構。列寧為加強對書記處領導，由史達林（Joseph Stalin）擔任書記處總書記，從此以後總書記成為蘇共最高領導人。

同年中共建黨，一大就推舉陳獨秀擔任中共中央局書記。一九二五年中共四大，修改黨章，中央黨務由總書記負責管理，總書記即是黨最高領導人，總書記也是首次出現在黨章。二七年中共五大修改黨章，中央委員、政治局、政治局常委、總書記逐漸雛形化。同年陳獨秀在黨內鬥爭被冠上右傾機會主義罪名而遭到罷黜，總書記由瞿秋白擔任。

瞿秋白接掌中共中央之後，中共採取武裝暴動路線接連失敗，也動搖他在黨內地位，並被批鬥因左傾盲動主義而失勢。一九二八年中共第六大在莫斯科舉行，具有工人身分的向忠發被選為政治局主席與政治局常委會主席，是首次在中共史上第一次出現政治局與政治局常委會設置主席一職，中共內部國際派與草根革命派出現路線分歧的鬥爭。

一九三五年在貴州遵義舉辦的遵義會議，毛澤東坐上中央軍委會主席，但總書記還是張聞天。毛澤東為了取得黨的權力，改組中央書記處，取消總書記，由書記處集體領導，毛澤東與張聞天就平起平坐，由總書記變成書記的張聞天，權力也逐漸被架空，毛澤東才在黨內定於一尊。

毛澤東讓實權落到黨主席

一九四三年毛澤東出任政治局主席兼中央書記處主席，主席正式取代總書記。隔年在延安舉行六大七中全會，毛澤東出任主席團主席兼中央委員會主席。四五年中共七大首度正式以文件形式將黨主席納入黨章。

中華人民共和國成立後，一九五六年中共八大恢復政治局常委會與總書記，毛澤東還是出任主席，並增設四位副主席，而總書記由鄧小平出任，但只負責處理日常事務，權力被大大弱化。

經過革命到建國，從毛澤東、鄧小平的改造發展，總書記只剩有名無實。直到一九九七年鄧小平過世之後，「掌握軍權的總書記」才又變成中共真正最高權力的領導人。

中國共產黨建黨近百年，而黨中央的決策模式，變動的時間比穩定時間久，變動是常態。一九七六年九月毛澤東辭世之後，出現短暫集體領導，由華國鋒、葉劍英、李先念、汪東興集體決策。隔年八月召開十一大，華國鋒在派系平衡下，且在葉劍英、李先念的堅持下，被迫讓步讓鄧小平進入政治局常委。

從此政治局常委協商機制出現元老派（鄧小平、葉劍英、李先念）三比二（華國鋒、汪東興），權力出現傾斜。十一屆三中全會新增加陳雲入政治局常委，以鄧小平為首的元老派取得多數，華國鋒下台提前進入倒數。

想建立制度，自己卻不想受制度限制

果然，鄧小平在一九八〇年十一月十日至十二月五日短短二十五天，操作政治局連續召開九次擴大會議，華國鋒在十一大六中全會「被」辭去中央委員會主席一職，並立即由胡耀邦暫代。

六中全會原本要推舉鄧小平為主席，但不被鄧所接受，最後改由胡耀邦接任黨主席，副主席由葉劍英、鄧小平、陳雲、李先念等四位出任。此時中共最高決策並非政治局或政治局常委會，而是由四位副主席所組成的「副主席們」決策。

毛澤東是一個不喜歡制度者，甚至是一個極度厭惡制度者，而制度只是毛取得權力的方式。在毛時期，會議非定期召開，文革時期更嚴重破壞制度。鄧小平深受其害，所以極力想再建立制度化，但本身卻不想受到制度的限制，所以鄧小平是正式職位最少的最高領導人。

鄧體制造成拉幫結派政治分贓

鄧小平建立隔代指定接班，一定程度達到制約現任者的權力，但也逐漸形成政治上選邊站、拉幫結派的新形勢。鄧小平想採取集體領導，最後流於政治分贓，各管一塊的獨立王國。

從十二大到十八大，相對以往，已逐漸制度化，如會議的定期化，但還是有一些變動，如政治局人數多寡差異，但也維持在二十五人上下（最少十七人、最多二十八人），政治局常委十二大六位、十三大五位、十四、十五大七位、十六大和十七大九位、十八大有七位。

這些小變動背後涉及權力鬥爭，如江澤民提出「七十歲畫線」是為逼迫喬石下台，如「七上八下」是為趕走李瑞環設計的潛規則。多數研究中共制度者，把一九九七年之後的制度當成圭臬，以此丈量或預測習近平的人事安排，恐怕將差之毫釐，謬以千里。

中共近百年以來，權力核心不外乎在黨主席、政治局常委會、政治局與書記處四個機制間流動。一九六九年中共九大廢除書記處，中共中央領導只剩政治局與政治局常委會二級，直到八二年中共十二大廢除黨主席制度並恢復書記處，又回到三級領導。習近平十九大提出修改黨章，也不外乎在以上幾個機構進行變革而已。

百年來未找到具體辦法「和平轉移」

一九四五年七月，教育家黃炎培訪問延安時問毛澤東，共產黨要如何避免歷代「其興也勃焉，其亡也忽焉的周期支配？」毛澤東興奮地說，共產黨已找到跳脫這個周期的方法，「這一條新路就是『民主』，讓人民來監督政府，政府才不會鬆懈。」如今先不談朝代更替的大哉問，如何讓權力繼承穩定和平完成？恐怕中共百年來尚未找到具體的辦法，持續摸著石頭過河。毛澤東不想、鄧小平有想，江澤民想不放、胡錦濤想早點放，習近平怎麼想？

中共陷入「其興也勃焉，其亡也忽焉」的循環與制約，當一個人的權力過度集中之後，就想跳脫制度的制約與管制。因人設事、以權力鬥爭為核心的制度變動，任何的變動制度，背後都會被套上權謀鬥爭的思路。

習近平選擇走上後極權道路

中共十九大與一中全會落幕了，習近平思想（習近平新時代中國特色社會主義思想）如外界所料入黨章，新一代中央委員、政局委員、政治局常委也出爐，大都在預期之中。但也有預料之外，從黨章修改到新人事，展現習近平將選擇不同於鄧小平以降江胡（江澤民、胡錦濤）的道路。

毛澤東領導中共一九四九年建國以來，集國家一切力量，透過快速進入共產主義一系列運動，權力也集中在毛澤東身上達到巔峰。毛過世之後，一九七九年之後鄧小平思考中國富國之路，選擇「改革開放」來鬆綁政策，鄧小平被封為「中國總設計師」但也被反對者稱謂「總核准師」審批成為國家管理一切的手段。

經過近四十年，摸著石頭過河，中國取得重大的成績，無論經濟成長、社會多元、讓中國發生天翻地覆重大的改變。但國家治理也面臨重大考驗，尤其一黨專政的道路，習近平上台以來，從嚴治黨依法治國，成為重要的口號，甚至這次也入黨章。

從胡錦濤時期推動「簡政放權」減少審批制度，有意降低國家那隻看得見的手，但積重難返，權力不願放手，尋租不斷，舞弊難除。習近平上台打貪反腐，雖有降低民怨，但未來的治理面臨選擇，是更開放民間參與，引進人民的力量？還是更集中黨的權力，更強化國家的力量？

從十九大人事布局觀之，十四大開始，鄧小平的政治頂層權力設計，採取集體領導、分工負責，任期的定期化，儲君的培養計畫，讓中共領導層呈現「三明治」在集體領導圈有上一代的影子、現任掌權者、還有下任掌權預備。

但十九大的人事安排，呈現是集體領導的黨內「制衡」消失，六〇年後的領導人如胡春華、陳敏爾「失常」未如過去潛規則進入政治局常委，代表未來五年甚至十年，還不會換代，習近平持續掌權。

政治局常委從過去集體領導，如今名單習近平「領導」政治局常委，書記處嚴然是習近平軍機處，掌管修法的人大與中紀委都是習近平重要政治夥伴。習近平掌握統治黨的槍桿子、筆桿子、刀把子、錢袋子等四大武器。

十九大另一個重點是黨章修改，習近平新時代中國設色社會主義思想，另一個重要指標就是「黨管一切」入黨章。鄧小平與趙紫陽試圖「黨政分開」撐出改革開放得空間，江胡時期是「黨領導政」，如今把一九二九年毛澤東建軍說一句口號「黨管一切」入黨章。

習近平對蘇聯垮台原因曾經講過，主因是軍隊國家化不受黨的領導。如今透過人事布局，集中權力，透過修改黨章，擴大黨的管控能力。對於走上改革開放四十年之後的中國，習近平選擇「後極權主義」的道路。

習近平「筆桿」與「筆桶」分家的手段

江澤民以降，同時擔任軍委會副主席、國家副主席、書記處首席書記、黨校校長，四合一職務，成為培養儲君之位。胡錦濤如此、習近平更是如此，但十九大卻把此四合一職務打破，習近平之後，暫時沒有安排接位者儲君。

中共十九大之後，對於沒有省市一把手經歷的王滬寧進入政治局常委，沒有意外，但對於王滬寧擔任書記處首席書記，接下劉雲山主管意識形態（筆桿子），卻意外沒有同時擔任中共中央黨校校長（筆桶子）。

中央黨校校長在換屆時是儲君培養職務之一，換代後是主管意識形態的國家領導人擔任。但在陸續公佈的職務中，卻只由政治局委員、組織部部長、書記處書記，習近平大學上下舖的同學陳希接任。黨校的位階相對過去「降一級」。

媒體解讀，是王滬寧拒絕接任，筆者持不同觀點，習近平集所有大權於一身，王滬寧有拒絕的本錢？況學習十九大精神，學習「習近平新時代中國特色社會主義思想」是由王滬寧負責。如果擔任中央黨部校長更有力推動。

不同觀點者抬出陳伯達案例，陳伯達是中共理論家，也是重要的文膽，掌握中共的筆桿子，更是毛澤東長期的秘書。文革期間中央文革小組取代政治局常委，被毛澤東任命「中央文革小組組長」，副組長是江青，導致陳伯達極力推遲，但最後還是接任，九大時更進入政治局五人常委之一，最後因四人幫被打入秦城（監獄）。

組訓合一

雖然王滬寧背景與成長過程與陳伯達相似，但畢竟時空背景不同，意識形態的建構已經不需要，但需要透過意識形態的管理手段，如過去所倡導「媒體姓黨」，黨握宣傳的口徑與陣地才是現在階段最需要的。筆桿子已經握在手裡，可以把筆桶子放回組織部。

中共中央組織部可以說是全球最大人事部門，黨管幹部，調動任免、預先審查、選拔推薦、批准任命，都由組織部管理。其功能有組織建設：基層組織建設、黨員教育管理、黨內生活制度等等。黨管幹部、人才工作，很大一部分是幹部教育培訓，就中共組織部功能而言，其實有「組訓合一」，但長期把中央黨校歸入意識形態的主管業務，所以才會有黨校校長除了是儲君培養之位，更是與意識形態主管合一。

中共中央組織部，創立初期是中國共產黨中央宣傳局（一九二一至一九二四年）後來才改名中央組織部。瞭解歷史脈絡，就可以一窺習近平在人事佈局的蛛絲馬跡。如新設各小組，用深改小組取代行政權，改組軍區，打破既有的條條塊塊，打破重組、權力重組，是習近平權力操作手段。

想定於一尊，習近平先破「雙元」魔咒

習近平上台後不斷讓權力集中，一手擴大自己權力，一手削弱江派實力。不過，他也同時面臨老人干政與舊勢力的官僚系統抵制，這也是中國共產黨的宿命與歷史傳統。習近平最終將「雙元權力」的歷史常態改為定於一尊。

二〇一六年初以來，「擁護習核心」呼聲喊得震天價響。習近平一步一步打破「集體領導制」，企圖完全掌權，直到一六年年底召開六中全會才擺脫中共長久以來的「雙元權力」運作模式，定於一尊的核心地位。

二〇一二年十八大政治局七位常委，俗稱泛江澤民派取得四席，包括：張德江、張高麗、劉雲山，還有上海幫的俞正聲。此時江澤民已退位十年、交出軍權也已八年，但還出現隔代影響力而且超越胡錦濤。

二〇一七年十九大政治局常委名單出爐，雖然習近平已經大權在握，且經過五年的打貪權鬥、但名單中可以歸屬胡錦濤系統有李克強、汪洋，江澤民的上海班只剩韓正，習近平班底有栗戰書、趙樂際、還有一位三朝元老且幕僚出身的王滬寧，權力結構中尚有江澤民、胡錦濤的影子。中共一九二一年建黨以來，雙元權力運行，老人政治或二線與一線權力的拉扯，成為具有中國特色的權力運作模式。

常委不團結，宣傳部門頻出包

這十八屆中共政治局常委會的領導班子，多非習近平的人，所以常委不團結，導致習近平地位不穩的傳聞不斷。宣傳部門更是狀況不斷，因此才有媒體姓黨的宣示。十九大只是習近平連任，但習已「記取過去教訓」，大動作安插自己人馬接管各系統，如提拔黃坤明接中宣部副部長，十九大之後立馬扶正，擔任中央書記處書記兼傳宣傳部部長。

二〇一六年初地方大員主動提出「擁護習核心」。「核心」一詞自中共二〇〇二年十六大胡錦濤接任總書記之後就不曾用過了，事隔十四年「習近平核心」讓此稱呼再現。

不過，對此稱謂也有三分之一省市一把手明確拒絕，其中最具代表性是當時任新疆黨委書記張春賢（二〇一六年八月底卸任，升任中央黨的建設工作領導小組副組長），在人大開會期間以「再說吧」回應記者問他是否擁護習核心。再加上新疆宣傳部的「無界新聞」登出呼籲習近平辭去黨與國家領導人職務的公開信，引發更多揣測。儘管最後，習核心沒能在兩會達成共識，直到中共十八屆六中全會才完成。

十八大之後，打擊貪腐，打老虎也打蒼蠅，並拉下很多省級官員，這股風暴尚未畫下休止符。二〇一六年清明節剛結束，立刻又拉下遼寧省常委、政法委書記蘇宏章，山東省濟南市委副書記兼市長楊魯豫。在全中國三十一省市區，透過空降與異地調動，讓領導層（黨委書記）成員調動高達二二三人，已經超過各省常委總人數一半，但依然撼動不了「舊」系統。

建黨以來，雙元領導糾葛不斷

「雙元權力運行」對習近平而言並不是「老革命碰到新問題」，中共建

遵義會議

一九三五年一月十五日至十七日，中共紅軍於長征途中佔領貴州的遵義，遂於當地的琵琶橋東側八十七號舉行擴大會議。會議前，中共領導群為三人團（博古、李德、周恩來），本會增補毛澤東為中共中央政治局常委，毛澤東恢復對紅軍的軍事指揮權，同時形成了張聞天、周恩來、毛澤東等人的新領導團體。

黨以來，雙元領導糾葛不斷。建黨以來黨與軍權互爭領導權，直到長征途中「遵義會議」才定於一尊，由毛澤東取得主導權。

一九四三年三月，中共中央政治局給予毛澤東以中央政治局主席的身分，享有對最高權力機關政治局和書記處所討論問題的「最後決定權」，一直到一九五九年四月毛宣布卸任國家主席，但保有黨內其他職位。

黨內決策劃分一、二線，日常工作由一線處理，毛澤東退居二線，但仍握有最終決定與否決權。當一線不受控制，毛澤東發動群眾或鬥爭手段，如鬥劉少奇與發動「炮打司令部」文化大革命，鄧小平的三次下台也是在如此環境下產生。

炮打司令部

一九六六年八月七日，毛澤東在中國共產黨第八屆中央委員會第十一次全體會議中，當場印發〈炮打司令部──我的一張大字報〉，暗批中共中央以劉少奇、鄧小平為首的領導團體是「資產階級司令部」。自此，毛澤東與劉、鄧的矛盾正式公開化。一九六八年十月，中共於八屆十二中擴大會議中，開除劉少奇的黨籍，劉少奇被嚴密監禁，直至一九六九年去世。

元老干政長久難題

習近平面臨老人干政與舊勢力的官僚系統抵制，這也是中國共產黨的宿命與歷史傳統。鄧小平更是深受其害，也曾企圖進行政治體制的改革。被封為總設計師的鄧小平，有鑑於毛時期容易流於獨裁，中共的體制採取「集體領導」和「個人分工」兩項指導原則下交互運用的制度，避免「霸權領袖」的再出現。

鄧小平時代以來，政壇「退而不休」的元老政治人物，是中國政治最難處理的問題之一。十一屆三中全會後，鄧小平為幹部老化問題，提出「顧問委員會」的機制，做為中共領導階層「從終身制走向退休制的一種過渡」。但元老政治干預卻仍然十分明顯，這讓鄧小平重蹈毛澤東覆轍，罷黜自己的接班人，最終撤換胡耀邦、拉下趙紫陽。

毛澤東與鄧小平都屬於霸權型領袖，他們擁有以下四大權力：一、能獨自召開重要會議，決定或變更重大政策路線方針；二、重大人事如政治局委員和中央軍事委員會委員任命決定權和否決權；三、挑選和罷黜接班人選；四、掌握軍權。

自江澤民之後，受制度約束與相互制衡，權力幅度不如以往毛鄧時期。雖然如此，且中顧委一九九二年已取消，但江澤民利用官僚系統廣建個人派系與系統，退休後在胡錦濤和習近平時期仍維持一定影響力。

習近平上台先提出八項規定，反四風運動（集中解決形式主義、官僚主義、享樂主義和奢靡之風）與五〇年代毛澤東提出三反、五反運動如出一轍，也是反對官僚主義、反貪汙、反浪費。習近平更讓權力集中，自行擔任領導小組的組長，讓國務院變成執行機構，二〇一六年更進行中共建國以來最大幅度的軍區制度調整，二〇一八年開春又把武警部隊收編入中央軍委會，一手擴大自己權力，一手削弱江派與團派實力。

黨內無派千奇百怪

中國政治制度的改革，人大或中央委員都是由「上面」提名確定，加上人大沒有實質獨立的權力，雖然黨代表或人大是由人民或黨員選舉產生，但從提名到當選都是由組織部一手包辦，形成內部循環，沒有接地氣，因此雖然上層制度採「集體領導」分工，但也容易集結成派系。

毛澤東曾引用陳獨秀諷刺國民黨的話來形容共產黨：「黨外無黨帝王思想，黨內無派千奇百怪。」

雖然中國共產黨一黨專政體制沒有改變，雖然黨內無派系，但從建黨至今，黨內權力核心鬥爭不曾歇息，雙元權力核心運作也成了中國共產黨黨內時而合作時而鬥爭的產物。習近平終結「雙元權力」的歷史常態成為「霸權領袖」，先打破鄧小平所訂下的制度「集體領導」和「個人分工」。習李體制也只是短暫出現而已，習已經在過去五年，定於一尊，但因為十九大沒有產生接班人，考驗在於後習近平時代，如何避免毛鄧的接班產生的政治不穩定？這恐怕才是習核心的核心問題。

八項規定

習近平於二〇一二年十二月四日中共中央政治局會議上提出，內容如下：

一、中央政治局全體同志要改進調查研究，到基層調研要深入了解真實情況，總結經驗、研究問題、解決困難、指導工作，向群眾學習、向實踐學習，多同群眾座談，多同幹部談心，多商量討論，多解剖典型，多到困難和矛盾集中、群眾意見多的地方去，切忌走過場、搞形式主義；要輕車簡從、減少陪同、簡化接待，不張貼懸掛標語橫幅，不安排群眾迎送，不鋪設迎賓地毯，不擺放花草，不安排宴請。

二、要精簡會議活動，切實改進會風，嚴格控制以中央名義召開的各類全國性會議和舉行的重大活動，不開泛泛部署工作和提要求的會，未經中央批准一律不出席各類剪綵、奠基活動和慶祝會、紀念會、表彰會、博覽會、研討會及各類論壇；提高會議實效，開短會、講短話，力戒空話、套話。

三、要精簡文件簡報，切實改進文風，沒有實質內容、可發可不發的文件、簡報一律不發。

四、要規範出訪活動，從外交工作大局需要出發合理安排出訪活動，嚴格控制出訪隨行人員，嚴格按照規定乘坐交通工具，一般不安排中資機構、華僑華人、留學生代表等到機場迎送。

五、要改進警衛工作，堅持有利於聯繫群眾的原則，減少交通管制，一般情況下不得封路、不清場閉館。

六、要改進新聞報導，中央政治局同志出席會議和活動應根據工作需要、新聞價值、社會效果決定是否報導，進一步壓縮報導的數量、字數、時長。

七、要嚴格文稿發表，除中央統一安排外，個人不公開出版著作、講話單行本，不發賀信、賀電，不題詞、題字。

八、要厲行勤儉節約，嚴格遵守廉潔從政有關規定，嚴格執行住房、車輛配備等有關工作和生活待遇的規定。

習核心確立，江二線退駕

二〇一六年末中共十八屆六中全會閉幕之際，習近平取得了「核心」稱號。「習核心」除了絕對權威以外，習近平新時代中國特色社會主義思想，簡稱習近平思想入黨章，也宣告退居二線的江澤民影響力劃下句點。

中共十八屆六中全會閉幕，通過黨內《政治生活的若干準則》和《中國共產黨黨內監督條例》，認為習近平全面從嚴治黨取得成就，加封以習近平為「核心」的黨中央。媒體的解讀，有從習近平取得「一票」否決權，加上十九大的人事佈局，習近平已經打破集體領導的生態，更有分析習近平打破二屆任期等明文與不成文規定。

其實以上都是過度解讀，習核心是絕對權威，但非一票否決權。以習為核心也非打破集體領導，更難以破壞二屆任期的制度，但也不用特別期待習近平會帶來制度性的改革，習近平需要修憲或其他頭銜繼續領導中共，這態勢十分明顯。

中共黨內決策劃分一、二線，日常工作由一線處理，雖然毛澤東為核心，但退居二線，仍握有最終決定與否決權。當一線不受控制，毛澤東發動群眾或鬥爭手段，如鬥劉少奇與發動「炮打司令部」文化大革命，鄧小平的三次下台也是在如此環境下產生。

毛澤東核心是鄧小平時代追封的，但擔心共產黨再出現絕對威權與專制，鄧小平改為集體領導，但又擔心鄧小平路線無法貫徹，為合法性自己的法統。一九八九年在陳雲建議、幕僚潤飾措詞後，主動退居二線的鄧小平被稱為「核心」。只掌握軍權的鄧小平，直到過世之前都握有最終決定權與否決權。一九八九年天安門事件後，江澤民意外上台為了強化自身權力，除了軍委會主席、總書記、國家主席、並延續「核心」一詞。雖然江澤民已在二〇〇五年全退，至今卻依然在中國黨、政、軍有相當影響力。

二〇一六年初習近平的幕僚就推動「習核心」加持，但遭到地方大員省市一把手消極抵制。提出「核心」需要經過黨內程序通過，但外界解讀把反對者多出自江系人馬。習除了透過打貪將他們拉下馬，並加速省市黨委書記的調派與布局，速度之快與幅度之廣已經前所未有。

習近平上台，除了三位一體（總書記、軍委主席、國家主席），也多在各領導小組中親任小組長一職，早已大權在握。如今上台五年後，在黨內取得習核心地位，除了絕對權威以外，也宣告退居二線的江澤民影響力終於劃下句點。加上政治生活準則對於消極或怠政也列為黨嚴治的對象，如此上下其手，剷除江系人馬的團團夥夥們。

另一個指標是習近平的黨內歷史定位。領導人的思想成為黨的思想指導非常重要，如毛澤東思想、鄧小平理論、江澤民的三個代表，胡錦濤的科學發展觀，習近平以「習近平新時代中國特色社會主義思想」，簡稱習近平思想入黨章，用冠上習近平名號成為黨的思想，已經超越江澤民、胡錦濤，更是跟毛澤東、鄧小平平起平坐。

習近平以「核心」所展開的政治布局，是一場沒有江澤民影子的劃時代切割。

抓穩槍桿子，再抓筆桿子

媒體姓黨

二〇一六年二月十九日，中共中央總書記習近平至人民日報社、新華社、中國中央電視台進行調研，中央電視台打出「央視姓黨，絕對忠誠，請您檢閱」標語歡迎；同日，習近平在人民大會堂主持「黨的新聞輿論工作座談會」，會議中強調「黨和政府主辦的媒體是黨和政府的宣傳陣地，必須姓黨。黨的新聞輿論媒體的所有工作，都要體現黨的意志、反映黨的主張，維護黨中央權威、維護黨的團結，做到愛黨、護黨、為黨；都要增強看齊意識，在思想上、政治上、行動上同黨中央保持高度一致……。」

整頓完軍隊、政法系統之後，意識型態部門是習近平的下一個目標。劉雲山常年盤據宣傳陣地，習近平與劉雲山彼此過招早已刀光劍影。而類似的鬥爭在中共黨史上更比比皆是。

習近平掌權有三大步驟，第一是槍桿子，收拾了郭伯雄、徐才厚、谷俊山等人，並重新劃分戰區，拿回了軍權；第二是刀把子，清理了周永康、令計劃等人，重新整頓政法和武警系統；第三是筆桿子，習矛頭指向掌管意識型態的政治局常委劉雲山和中宣部長劉奇葆，以及他們掌控的中宣部和媒體。

劉雲山自一九九三年升任中宣部副部長，至十九大前未曾離開中宣部，更由江澤民、曾慶紅一路提拔上來。劉雲山與習近平不同心已眾所皆知，彼此過招早已煙硝味十足，習近平親上火線，打出「媒體姓黨」潛台詞就是媒體不是姓劉。

二〇一六年六月初，中紀委更洋洋灑灑公開中宣部五大罪狀，罪狀可以歸納出「四二六八」：「四個意識」（政治、大局、核心和看齊意識）有待加強；「二為」（為人民服務、為社會主義服務）方向成效不夠明顯；沒有緊扣「六項紀律」（政治、組織、廉潔、群眾、工作和生活紀律）；違反和黨風政風相關的「八項規定」（改進調研、精簡會議活動、精簡文件簡報、規範出訪活動、改進警衛工作、改進新聞報導、嚴格文稿發表、厲行勤儉節約）。最後還批評中宣部存在一定程度的形式主義、官僚主義。

黨指揮槍，從一九二九年的古田會議就定了調，而思想路線先於政治路線，更先於組織路線和軍事路線，這也是馬列傳統核心教義。類似習近平與劉雲山之間的鬥爭，中共黨史上案例不勝枚舉，最顯著莫過劉少奇的例子。

帶頭給毛加上至高無上的冠冕、甚至把毛澤東捧上神壇，劉少奇正是始作俑者。劉少奇更稱入黨像木材交給黨，黨需要把木料做成椅子、桌子或馬桶，都要服從，做中共工具不可以有條件。文革開始，劉少奇被打倒，向毛請求辭去一切職務，要回鄉種田，但劉

古田會議

一九二九年十二月二十八日至二十九日，中共紅四軍在福建省上杭縣古田鎮召開的第九次全軍黨代表大會。會議中通過了《中國共產黨紅軍第四軍第九次代表大會決議案》，又稱古田會議決議案，選舉毛澤東、朱德、陳毅、李任予、黃益善、羅榮桓、林彪、伍中豪、譚震林、宋裕和、田桂祥為前委委員，毛澤東為前委書記。毛澤東由此確立了在紅四軍中的領袖地位。

少奇忘了，他只是黨的工具，當黨需要樹立一個中共的赫魯雪夫反面樣板，他別無選擇。

首創「毛澤東思想」的是林彪，把毛澤東推上與馬列齊名。一九五九年寫了「高舉黨的總路線和毛澤東軍事思想紅旗闊步前進」，林彪成為「高舉」的代表，他說：「相信毛主席要相信到迷信的程度，服從毛主席要服從到盲從的程度。」被白紙黑字列入黨章「接班人」的林彪，最後因出逃墜機而亡。

劉少奇與林彪，為毛澤東的宣傳與包裝，已經出神入化，但最後還是不敵政治的現實。如今不論劉雲山如何與習近平看齊，但永遠無法同心。

無論幾大罪，欲加之罪，懷璧其罪，劉雲山已無退路，而習也已經開弓沒有回頭箭了。劉雲山卸任之後，如何保命安全下莊，避免步上劉少奇、林彪的後塵，已是劉雲山的首要問題。

從嚴治黨，黨員抄黨章

兩學一做

二〇一六年二月二十八日，中共中央辦公廳印發《關於在全體黨員中開展「學黨章黨規、學系列講話，做合格黨員」學習教育方案》給黨員，其中「學黨章黨規、學系列講話」即「兩學」，「做合格黨員」即「一做」。

習近平上台，嚴打貪腐，但腐敗根源擴及全黨；之後轉而向內，推動全面從嚴治黨，並向基層延伸，進一步解決黨員在思想、組織、作風、紀律等方面存在的問題。二〇一六年推出「兩學一做」，亦即學黨章黨規、學系列講話、做合格黨員。如何落實兩學一做？方法居然是展開「手抄黨章一百天，感悟黨章一百篇」活動。

發起手抄黨章一百天活動，鼓勵中共黨員從二〇一六年三月一日起，用一百天，抄寫一萬五千多字的黨章全文。每天平均一百五十字左右，並要把當天抄寫的內容，拍照上傳網路，這再一次展現中共集體學習教育模式——形式主義、集體跟風。這就像文革期間背誦《毛語錄》、背誦「老三篇」（〈為人們服務〉、〈紀念白求恩〉與〈愚公移山〉三篇）如出一轍；進入e化時代，更想在網路上動員星星之火，能有燎原之勢。

恰巧五月十六日，是文革正式爆發五十周年日，當天網路上瘋狂轉傳的一張相片——新婚之夜抄黨章相片，網友評論說，新郎的黨性在那刻戰勝了男人本性。還有某法院處長聘請農民工集體在法院門口抄黨章討債，但本質是鬥爭副院長。一百天還沒有走完，活動已經嚴重變形，「上有好者，下必甚焉」，在形式主義作崇下，在上行下效推波助瀾下，更形成一種政治自我保護的形式，讓中共上層不得不出面喊停，讓活動無疾而終。

英國人馬利德（Richard McGregor）在《中國共產黨不可說的祕密》（*The Party: The Secret World of China's Communist Rulers*）一書中提到，梵蒂岡是中華人民共和國少數一直未建立外交關係的國家之一，但它也是唯一擁有在全球規模上能與中國共產黨相提並論的組織，兩者的儀式和保密性也十分類似。

書中提到一個很傳神的黑色幽默說法，中國某個與羅馬協調的非官方機構，在二〇〇八年訪問梵蒂岡時開玩笑說，共產黨與天主教會真像，他告訴梵蒂岡官員：「我們有宣傳部，您們有萬民福音部；我們有組織部，您們有樞機團。」教廷官員問，兩者有什麼不同？中方的人說：「您們是神，我們是魔鬼。」

其實，中共的組織原理是學習蘇共（維廷斯基和馬林），蘇共的組織原理是學布爾雪維克（列寧），布爾雪維克黨的組織原理是學習東正教（也是天主教）的小組、團契、民主集中制，反覆醞釀全體共識決。黨員就是神父，是最接近天主的先鋒隊（vanguard），職業革命黨，就是終身信奉上帝的教士隊伍，共產黨就是馬克思主義的天主教。

共產黨是無神論，但中共卻發揮了中國特色，抄黨章，就是學習中國傳統宗教，讓信徒抄經文。共產黨的唯物論原寄望黨員心靈自我約束與改造，但中共治黨除了從嚴以外似乎已沒有其他招數，如今只能藉由宗教方式來「啟靈」黨員。

從嚴治黨，講一套、做一套

習近平十八大上台以來，「從嚴治黨」一直掛在嘴邊，從八項規定、六項禁令和反四風開始，而懲治腐敗行動方面，五年下來大約有一百八十隻以上「老虎」落馬，有二十多萬隻「蒼蠅」被處分，還有八百隻以上外逃海外的「狐狸」被抓拿歸案。

習近平反腐可以說績效卓越，不論人數之多、級別之高，僅次於毛澤東發動的三反運動。一九五一年毛澤東認為如果不進行三反（反貪汙、反浪費、反官僚主義），共產黨會變成跟國民黨一樣，甚至三反運動還有設定百分比的目標。

經過四年的打貪腐之後，直到六中全會中，才推出「研究全面從嚴治黨重大問題」、「制定新形勢下黨內政治生活若干準則」，修訂《中國共產黨黨內監督條例試行辦法》。

這種先打貪再立法反腐的做法也落入政敵口實。因貪腐落馬的江派前遼寧省書記王珉據說編了一個段子：習近平「說你腐敗你就是腐敗，不腐也敗；說你不腐敗你就是不腐敗，腐也不敗。」十分傳神描述習近平打貪腐也是打擊政敵的鬥爭。

一九九六年十四屆六中全會通過十年前提出的《社會主義精神文明建設若干重要問題的決議》，兩年後，當時總理朱鎔基就說過：「不管前面是地雷還是萬丈深淵，我都將一往無前，我這裡準備一百口棺材，九十九口留給貪官，一口留給自己。」諷刺的是，直到退休，朱口中的九十九口連一口都沒有賣出去。

二〇〇〇年江澤民說要「堅持服從和服務經濟建設這個中心」，要「把反腐倡廉與經濟建設重大舉措的實施緊密結合起來」。針對妨礙改革、發展、穩定的突出問題，研究制度有效的對策。發展是硬道理，以發展為優先的主旋律，發展壓倒一切，反腐反而是其次，可以為發展而犧牲。

中共歷來的政治活動如反右鬥爭、大躍進、文革、甚至改革開放、經濟發展模式，都是採取運動模式推展，如今習近平禁奢、反貪打腐也採取運動來進行。

腐敗一直都是共產黨無法根治的問題，鄧小平說過：「反腐亡黨、不反腐亡國。」不同時期，腐敗對中共的生死存亡威脅並不一樣。其實習近平可以延續江、胡的路線，腐敗問題依舊存在，老虎依舊還是老虎，但民心變了不再是悶頭發財、只一味追求經濟發展，也要求社會正義。但中共卻是循運動反腐的老路，並非靠制度反腐。依然是頭頭是道地講一套法治，做的一套依舊搞運動老路。

習近平制訂新「政治生活準則」的背後

中共第十八屆六中全會，二〇一六年十月二十四日至二十七日在北京舉行，主題雖然是全面從嚴治黨，修訂「中國共產黨黨內監督條例（試行）」以外，制訂「新形勢下黨內政治生活準則」將會是重中之重。

中共政治生活準則對台灣國人而言相對陌生與不解，依照中共黨章規定，中共每五年舉行一次黨的全國代表大會，選出新一屆中央委員會，每屆中央委員在五年任期中，召開七次全體會議。黨代表大會閉幕後立即召開一中全會，決定中共中央機關人事，隔年二月召開二中全會，決定國家機關領導人事，其餘依次每年召開一次。從一九八一年至今三十五年召開過七次六中全會，有四次討論和黨的作風、治黨與貪腐有關。

中共是學習蘇維埃，而蘇維埃是俄羅斯語，意為「代表會議」或是「會議」，因此會議也是中共權力結構改變的場域，最早一九二九年的「古田會議」是中共紅軍第四軍第九次代表大會，透過會議決議確定「關於糾正黨內的錯誤思想」，紅軍定位是一個政治任務的武裝集團，確定中共對軍隊實行絕對領導原則，黨指揮軍隊，毛澤東因此掌握紅四軍領導權，更是首次提出政治生活說法。

一九三五年中共在國民黨的圍剿下，展開「長征」，開始時，毛澤東軍內無職，黨內無權，但經過「通道會議」及「猴場會議」的過程，終於在遵義會議運用政治生活展開鬥爭，成功瓦解三人團（李德、博古、周恩來），毛澤東才定於一尊。

什麼是「政治生活」？現在的「政治生活準則」是在一九八〇年中共第十一屆五中全會通過的版本，內容包含十二項：堅持黨的政治路線和思想路線；堅持集體領導，反對個人專斷；維護黨的集中統一，嚴格遵守黨的紀律；堅持黨性，根絕派性；要講真話，言行一致；發揚黨內民主，正

通道會議

一九三四年十二月十二日，中共紅軍於長征途中，經過湖南懷化通道境內所召開的一場會議，與會者有毛澤東、博古、周恩來、張聞天、王稼祥、朱德，以及共產國際派來的軍事顧問李德。當時紅軍戰況緊急，李德、博古等人原欲堅持原定戰略，進湘西會師，毛澤東則於會議中力主放棄原定方針，改向敵人力量薄弱的貴州進軍。會議通過毛澤東的建議，紅軍轉兵貴州。後來中共中央在貴州黎平召開政治局會議，肯定毛的主張正確，使三萬多名紅軍免於犧牲，從此也開啟了毛澤東在軍事上的實質領導。

長征

一九三四年十月至一九三六年十月，中共紅軍從中央蘇區和南方蘇區轉移至陝甘蘇區，以期建立新的根據地。這段行程長約萬餘公里，途經十一個省份，數百次與國民政府的戰役。一九三五年十二月，毛澤東在報告中首先以「長征」稱之，自此延用；國民政府則稱之為「流竄」或「西竄」。

猴場會議

一九三四年十二月三十一日至一九三五年一月一日，中共中央於貴州猴場召開的政治局會議，與會者有毛澤東、朱德、周恩來、王稼祥、張聞天、李富春、李德、博古、伍修權（翻譯）。會議中，李德、博古仍主張去湘西，經過激列爭論，會議再次重申黎平會議的決定，「應堅決消滅阻攔我之黔敵部隊，對蔣、湘、桂諸敵應力爭避免大的戰鬥，但在前進路線上與上述諸敵部隊遭遇時，則應打擊之，以保證我向指定地區前進」，結束「三人團」對紅軍的軍事指揮權，以毛澤東為軍事指揮核心，奠定遵義會議的基礎。

確對待不同意見；保障黨員的權利不受侵犯；選舉要充分體現選舉人的意志；同錯誤傾向和壞人壞事做鬥爭；正確對待錯誤的同志；接受黨和群眾的監督；努力學習，做到又紅又專，那次準則主要是修正與防止重蹈毛澤東的專斷與引發文化大革命的覆轍。

政治生活準則是中共深刻總結過去處理黨內關係的經驗，是對中共黨章的補充。習近平上台以來，黨內表面喊著同黨中央保持一致，實際上沒有當一回事，不允許搞團團夥夥，幫幫派派，不允許搞利益集團，進行利益交換，但從打貪反腐的績效看出，貪腐都是盤根錯節，都是團團夥夥，都是幫幫派派，都是利益集團，都是進行利益交換等。

習近平看似大權在握，但從媒體姓黨，二〇一六年初提出擁護習「核心」竟有一半省委書記直接或間接反對，到二〇一六年末居然有退伍解放軍至中央軍委會辦公室前抗議，在過去都是不可思議的現象，可見習近平黨內的挑戰與阻力非常大。

從中共歷史中發現，當推出政治生活準則時，就是在營造取得領導權的時間，更是用來全面否定過去的手段。如用武裝革命取代工運，用繼續革命取代革命，用文革取代繼續革命，用改革替代文革。六中全會推出「政治生活準則」，以史為鏡，將否定改革開放以來黨的思想與路線，如果十九大是習近平的「遵義會議」，六中全會就是「通道會議」或「猴場會議」。

中共原始股東與專業經理人的矛盾

中國傳統上有少爺、姑爺、師爺，而紅二代（少爺）自認為是中國共產黨的原始股東，而江澤民、胡錦濤的掌權也只是大掌櫃（師爺），王岐山是標準姑爺，紅二代從來不認為他們是真正的東家，僅是專業經理人而已。

習近平終於出手了，新華社二〇一六年八月初公布中共中央《共青團中央改革方案》，習近平親自為團中央改革定調。

二〇一五年習近平曾嚴厲指責共青團官僚化、處於「高位截癱」（頸以下癱瘓）的狀態，令中共在青年中的影響力跌至最低點。

情急之下共青團中央的表現更荒腔走板，公開高調批判趙薇與戴立忍事件，只有不斷製造網絡事件，利用中共極左意識形態，發動五毛，煽動民眾的民族情緒和仇恨，刷存在感，也給當局添亂。

共青團歷史久遠，中共建黨隔年的一九二二年就成立中國社會主義青年團，到一九五七年改稱中國共產主義青年團，雖數度更名，但核心與目標一直是針對青年工作。從入少年先鋒隊、入共青團、入共產黨一直是中國人求學過程中的追求目標，小學一年級加入少先隊戴上紅領巾，上了國中就入團，共青團也成為中共幹部的搖籃，如胡耀邦、胡錦濤和李克強，甚至令計劃、胡春華等，都出身共青團。

文革時遇羅克寫的〈出身論〉戳破了無產階級專政的謊言，所謂「老子英雄兒好漢，老子反動兒混蛋」只是中共家天下血統論的說詞，因此被迫害致死。文革初期中共官員宿舍「大院」和高幹子弟相對於其他階級的優越感一直延續至今，四十年前陳雲的名言「自己的子孫不會掘咱們的墳」已經下了註腳。現在中共高層鬥爭仍大致可看清楚這個脈絡，這批紅二代更自認為是中國共產黨的原始股東。

無論江澤民還是胡錦濤，都只是中國共產黨「臨時」的大掌櫃而已，而不是真正的東家。胡錦濤更不必說，上任兩年才接軍委會主席，被人「扶上馬，送一程」。他們彼此之間的矛盾，從原始股東之一葉劍英兒子葉選寧的告別式上獨缺江澤民的花圈，便可見一斑。

遇羅克〈出身論〉

一九六六年，文化大革命期間，遇羅克寫下〈出身論〉，文中批判中共當權以來的血統論（「老子英雄兒好漢，老子反動兒混蛋」），提倡民主和人權的重要。此文廣為傳播；一九六七年起，遇羅克又在每期《中學文革報》的頭版以「家庭出身問題研究小組」為筆名，撰寫出身與血統論的相關探討文章，影響甚巨。

一九六七年四月，中共中央文化革命小組成員戚本禹宣布〈出身論〉是大毒草，一九六八年一月，遇羅克以「大造反革命輿論」、「思想反動透頂」、「陰謀進行暗殺活動」、「組織反革命小集團」等罪名被捕；一九七〇年三月五日，時值「一打三反」運動，遇羅克於北京被判死刑，並立即執行，時年二十七歲。

直至一九七九年，北京市中級人民法院才宣告遇羅克無罪。

恩庇侍從理論
（Patron-Client Theory）

國家機關和公民社會的互動模式之一，「恩庇者」（patrons）與「侍從者」（clients）通常處於不對等的權力位階，但兩者透過資源交換或利益互惠，在政治經濟領域建立起依存關係。

團派從小媳婦一路爬上來的過程完全是中國傳統專制封建的套路，這裡面沒有民主國家的民意基礎，也沒有現代國家（或企業）組織授權治理經營的原則。對他們的治國理念比較精確的描述是「裙帶資本主義」（Crony Capitalism），在「恩庇侍從體制」下，同樣出身背景的共青團逐漸成為一個政治派系的符號。

共青團出身的團員逐漸形成政治勢力，更甚威脅到共產黨原始股東（紅二代）地位，習近平開始對「團派」動刀，表面上是共青團的改革，實際上是終結共青團的政治勢力的起手式。最明顯打著共青團旗幟的胡春華、孫政才，被傳為隔代接班人，在十九大前夕孫政才被拉下馬，隔代指定接班默契被習近平打破，共青團色彩更濃的胡春華當然也不敢想接班。

習近平的時代才正要開始

北戴河會議
中共黨內高層舉行的秘密會議，通常每年夏季舉行一次，探討重大問題，舉辦地點為北京近郊的河北省秦皇島市北戴河區。

中共中央軍委會前副主席郭伯雄被判了無期徒刑，時機除了選在八一解放軍建軍紀念日前夕以外，同時是「北戴河會議」這場年度老人政治公開活動的時機。郭伯雄判重刑是敲山震虎的威嚇，但能否收到成效？

此外，二〇一六年十月舉行的十八屆六中全會，制定《新形勢下黨內政治生活若干準則》，並修訂《中國共產黨黨內監督條例（試行）》，對習近平的權力將有很大影響。

什麼是「政治生活」？現在的「政治生活準則」是改革開放之後、一九八〇年中共十一屆五中全會通過。內容包括：集體領導；反對個人專斷，堅持黨的政治路線與思想路線；發揚黨內民主，正確對待不同意見；維護黨的集中統一，嚴格遵守黨的紀律等等。那一次準則徹底否定毛澤東領導及引發文化大革命的共產黨。

「政治生活」的提法最早出自一九二九年的「古田會議」，那是中共紅軍第四軍第九次代表大會。會議決議核心是「關於糾正黨內的錯誤思想」，其中指出，紅軍定位是一個政治任務的武裝集團，確定中共對軍隊實行絕對領導原則，黨指揮軍隊，毛澤東因此掌握紅四軍領導權。

一九三五年長征途中的遵義會議也用政治生活展開鬥爭，最後毛澤東定於一尊，加上延安整風運動逐漸形成共產黨黨內政治生活的形式。一九四九年七屆二中全會提出加強黨的建設，明確兩個務必與六個規定：取得政權之後，務必使同志們繼續保持謙虛、謹慎、不驕、不躁的作風，務必使同志繼續保持艱苦奮鬥的作風；一不做壽、二不送禮、三少敬酒、四少拍掌、五不以人名做地名、六不要把中國同志與馬克思、恩格斯、列寧、史達林併稱平列。

其實一般人對共產黨的政治語言實在沒感覺，江澤民的「一個中心、兩個基本點、四個堅持」，胡錦濤的「八榮八恥」，習近平的「從嚴治黨」都讓人不知所云，卻是黨內鬥爭最容易區隔的工具。

從中共歷史中發現，當推出政治生活準則時，就是在營造取得領導權的時間，更是用來全面否定過去的手段。如用武裝革命取代工運，用繼續革命取代革命，用文革取代繼續革命，用改革替代文革。

現在習近平則準備再度用變革取代改革，雖然習近平上台五年多，權力穩定與否看法二極化；但在六中全會推出「政治生活準則」，以史為鏡，將否定改革開放以來黨的思想與路線，尤其是鄧小平時期的建立潛規則與默契如今一一被打破，可以確定習近平已經掌握中共的權力，習近平的時代才真正要開始而已。

深化改革還是深化集權？

深改小組一向低調神祕，外界揣測習近平要藉此取消中共中央政治局常委制度。但中共一反常態，高調宣傳深改小組成立一千天來做出哪些政績。到底深改小組所為何來？

中共政治除了以黨領政之外，還有一個有別於蘇聯共黨採取的委員會制模式，真正具有中國特色的就是「小組」集中決策，是毛澤東從中國宮廷歷史中的領悟獨創。

習近平二〇一二年上台之後增設多個小組，其中中央全面深化改革領導小組（深改小組），一直備受外界高度關注，期待這小組對中國政治體制上層設計推出重大突破，或對政治民主化能進一步推動。

但深改小組成立近四年，一如往常，低調神祕，反倒媒體不斷放話，習近平要取消中共中央政治局常委制度、習近平要推總統制、習近平要取消七上八下、習近平要打破兩屆任期不成文的默契制度等等，讓外界增添很多揣測與動機論。

中央全面深化改革領導小組（簡稱「中央深改組」）

中國共產黨中央委員會關於黨和國家各領域全面深化改革的最高議事協調機構。二〇一四年一月二十二日舉行首次會議，共計二十三名領導人參加，由中共中央總書記習近平主持召開並擔任小組組長。中央深改小組成立後，中央各部門和地方各省（自治區、直轄市）也陸續成立各自的深改小組。

七上八下

中共官場幹部晉升的潛規則，意指六十八歲下、六十七歲上。最早出現於二〇〇二年中共十六大，據說江澤民和曾慶紅為了阻撓當時六十八歲的李瑞環連任政治局常委，提出這條規則。

中共的歷史上，每當推動新一波改革，都會向人民傳達「由亂而大治」、改革是為了「建立新秩序」。如文化大革命之後，上演一齣公審大戲，公審四人幫，習近平上台後審判薄熙來、大動作打貪反腐。接著，執政者就擺出改革的企圖，一九八〇年代趙紫陽的核心幕僚機構成立「三所一會」：中國經濟體制改革研究與農村研究中心發展所、中信國際所和北京青年經學會，還有當年被稱改革四君子：翁永曦、王岐山、朱嘉明、黃江南從地方到中央串連與建言的外圍組織。如今習近平如出一轍地成立深化改革小組、國安會、軍改小組等，差別是前者在體制外新增，後者在體制內新設。

二〇一六年秋中共一反常態，高調宣傳深改小組一千天來做出哪些政績，其中包括：開二十七次會議、通過一五一件方案、會議頻率每月一次漸成慣例，甚至每次會議內容加上標題，透過網路加強推播。會議內容十分廣泛，從上海市司法改革試點工作方案、關於設置知識產權法院的方案、土地徵收、公務員的職務與職等併行制度，甚至連足球改革總體方案都有。媒體對深改小組介紹精細入微，反倒政治局常委的決策不見宣傳。

如果在民主國家這一些決策應該屬行政部門或立法部門，政治局常委雖採取「集體領導」、「各管一攤」模式，但畢竟是中共最高決策核心；如今深改小組卻逐漸成為決策新常態的權力中心。

外界所期待「深改小組」改革上層組織，其實習近平並沒有改變既有組織，而只是重新利用過去中共慣用小組決策特點。「深改小組」本身就是改變決策的新上層組織，如今只是讓深改逐漸公開，更顯明權力集中的決策機構。

「挺鄧」、「反鄧」

——習近平的平衡術

鄧小平過世二十年之後，歷史評價正在起變化。隨著改革開放推進，貧富差距加大，社會矛盾加深，社會逐漸發展不同看法，習近平也要在正反兩派間取得平衡。

二〇一七年二月十九日是鄧小平逝世二十周年紀念日，依中共慣例，逢十更需要高規格紀念，但今年有別於過去，官方與官媒並沒有大張旗鼓，歌頌偉大總設計師，感恩鄧小平的改革開放；反倒是當天網路評論文章、各微信群組中，「挺鄧派」與「反鄧派」交織出的濃濃火藥味。

高舉中國特色社會主義是鄧小平的首創，還留下「實事求是」、「摸著石頭過河」，「黑貓白貓能抓到老鼠就是好貓」、「讓一部分的人富起來」的先富帶動後富等指導原則。一路以來，中國官方對鄧小平的評價十分清晰而明確，但隨著改革開放時間長了、深入了，中國社會矛盾逐漸激化。

鄧小平改革開放從「總設計師」到如今被形容「總許可師」。透過管制批文，形成新一代的腐敗與特權關係，裙帶社會主義蔓延；官員全面追求GDP的指標，讓社會貧富差距加大、失業者增加；進城農民工成為社會底

變修

　一九五三年蘇聯領導人赫魯雪夫上台後，大力批判史達林，與中共產生嚴重分歧。當時中共領導人毛澤東認為蘇聯已背離社會主義路線，成為打著社會主義旗號的帝國主義國家，遂稱為「蘇修社會帝國主義」，簡稱「蘇修」。「變修」，即指走上蘇修帝國主義路線。

走資

　即「走資派」，意指走上資本主義道路的當權派。文化大革命期間的流行用語，語出毛澤東於一九六五年一月制定的中共中央文件《農村社會主義教育運動中目前提出的一些問題》（即《二十三條》）。

層，毫無機會改變階級，社會矛盾與不滿逐漸加深。

　反鄧派不是今日才有，當年的路線與權力的爭奪，雖然文革派或毛派大敗，但不曾消失，並給鄧小平取外號「小板凳」。對有中國特色的社會主義、改革開放、韜光養晦的外交路線批判不遺餘力，稱中國社會變修走資，是對毛澤東的背叛，通過反鄧進而否定改革開放。

　毛澤東在世，鄧小平屢鬥屢敗，直到毛過世，鄧掌權後用改革否定文革，如今雖兩人都已經離開，但兩人的鬥爭短期內難以畫下休止符。

　薄熙來掌握如此微妙的社會氛圍變化，在重慶提倡唱紅打黑，鼓動毛派的推波助瀾，成功成為毛派的領袖，重慶也成為紅都。隨著薄熙來二〇一二年入獄，相關毛派網站「毛澤東旗幟網」、「民聲網」、「四月青年網」、「烏友之鄉」都被關閉並自我整頓。毛派承襲毛澤東的鬥爭性格，死灰復燃，一旦出現破口，就發動猛烈攻擊，往往取得網路言論的話語權。

　過去的挺鄧、反鄧矛盾是政治路線之爭，是權力之爭；如今挺鄧、反鄧是社會群眾矛盾，是階級對立，性質完全不同。但政治派系藉由社會矛盾進行政治鬥爭，雖是殊途，卻在挺鄧、反鄧的大旗之下同歸了。

習近平在挺毛派與挺鄧派對立下，還要不斷收拾改革開放所產生的問題，只能提出兩個不能否定：不能用改革開放後的歷史時期「否定」改革開放前的歷史時期，也不能用改革開放前的歷史時期「否定」改革開放後的歷史時期。全盤否定毛澤東，共產黨還能站得住？社會主義還站得住？站不住就會天下大亂。同樣的，否定鄧小平也等於否定中共四十年的路線，因此習近平得在挺毛派與挺鄧派之間取得平衡。

習近平是學毛澤東還是蔣介石？

共產黨的唯物論是歷史也是神主牌，但是「中國夢」卻是唯心論，因為那是夢。習近平也連續稱頌起唯心的王陽明了，到底他是要學毛澤東還是蔣介石？

二〇一六年是文化大革命五十周年，五月十七日習近平參加哲學社會科學工作座談會，發表一篇老生常談、有點老掉牙的八股文。

習近平指出，建構具有中國特色哲學社會科學，除了堅持以馬克思主義為指導以外，還要建構中國特色哲學社會科學的話語體系。過去因為落後要挨打，貧窮要挨餓，沒有話語權就挨罵；習近平認為共產黨已經解決「挨打」和「挨餓」問題，還沒有解決是「挨罵」的問題。

這是繼新聞輿論工作座談會、網路安全與信息化工作座談會的第三場座談會，可以說是完成習近平部署所謂文化鬥爭的三部曲，三場座談會依序完成媒體姓黨、網路監控與理論創造。

中國共產黨成立之後，艾思奇就出版《大眾哲學》，透過通俗易讀的語言，建構一套系統，前後一貫的理論，可以說是中共的哲學思想。內容是對

大眾哲學

艾思奇（一九一〇—一九六六），原名李生萱，馬克思主義哲學家。一九三〇年代撰寫《大眾哲學》一書，以人的普遍生活經驗作為切入點，解釋馬克思的哲學觀點，獲得毛澤東的極高評價。

抗帝國主義與封建統治這「兩座大山」，批判中國傳統哲學文化，其中代表人物就是唯心論的王陽明。日本的帝國主義代表人物、甲午與日俄戰爭二役的名將東鄉平八郎隨身攜帶一枚印章刻「一生伏首拜陽明」，另一位封建統治者蔣介石更心儀王陽明。

共產黨一直以階級分析觀點，按照兩條路線鬥爭的立場，以唯心和唯物的標準，去劃分歷史上的人物和思想。這種被簡化的做法進而變成凡是唯物的都是好的，凡是唯心的都是壞的。因此，像王陽明這樣的大思想家，儘管在歷史上影響很大，卻也一巴掌被打倒了。

二〇一五年「兩會」期間，習近平談到「王陽明的心學正是中國傳統文化中的精華」，肯定了王陽明的歷史作用。一時之間，「王陽明」、「心學」、「知行合一」成了熱門詞語。習近平肯定或提到王陽明也不是第一次，早在二〇一一年視察貴州大學和學生交流時候，就表露過對王陽明的欽慕。

共產黨的唯物論是歷史也是神主牌，但是「中國夢」卻是唯心論，因為那是夢。但是連宗教都必須是「中國特色」哲學，那叫做違心之論。習近平企圖在學術和思想領域拉開一口子，必然是因為統治上的需要。他清楚意識到劉雲山所掌控的中宣部系統，有意把習近平「文革化」的意圖，所以才會出現「中國特色哲學」思辨這種荒誕的語彙。

美國學者認為習近平像的不是毛澤東，而是蔣介石。（註）二〇一六年的習近平猶如一九四六年的蔣介石，習近平的尊孔、推崇王陽明，毛澤東是絕對無法接受的。

註：詹姆斯・卡特（美國聖約瑟夫大學歷史學教授、亞洲研究中心主任）及華志堅（加州大學爾灣分校教授、歷史學者）有此觀點：「要了解中國習近平，不要看毛澤東，而是研究蔣介石。」（據《洛杉磯時報》，二〇一六年五月二十四日）

北戴河會議已成了「度假活動」

中國領導人於每年七月底到八月初集體進入「北戴河度假活動」，尤其是十九大前夕的北戴河度假活動（北戴河會議），更被外界高度關注，涉及人事布局與安排，尤其當中習與江派的較勁、或習與團派的互動等等。其實這都過度高估北戴河會議的重要性。

二〇一七年的北戴河會議，人事的敏感更被高度關注，反而團派的胡春華頻頻在廣東各地調研曝光，江系上海書記韓正也天天在地方露臉，有意與北戴河會議切割。日本《讀賣新聞》更在北戴河會議之後丟出一份沒有王岐山的政治局名單，引發全球關注。

北戴河會議顧名思義是一場在北戴河召開的「會議」，但大多說不清楚如何召開？形式為何？歷史上幾次重要事件都是在北戴河會議決定，因此北戴河會議成為共產黨的神祕會議。加上扣人心弦的權鬥內幕，繪聲繪影與充滿想像。

早在一九五四年夏天，中共中央就集體到北戴河避暑及辦公，因此北戴河也稱「夏都」。而北戴河會議的重要性建立於一九五八年。當年毛澤東主持中共中央政治局擴大會議，就是在北戴河舉行。會議中除了通過《全黨全民為生產一〇七〇萬噸鋼而奮鬥》的決定、《中共中央關於在農村建立人民公社問題的決議》等等議案，炮打金門也是在此會議拍板定案。

一九六五年後，因為文化大革命關係，北戴河會議被靜悄悄取消了。一九七八年十一屆三中全會，通過改革開放路線，及老幹部強制退休，成立過渡性質的「中共中央顧問委員會」這個特殊機構，鄧小平也恢復北戴河會議。每年讓領導高層老幹部可以藉北戴河度假與交換政治、政策或人事等意見。如八八年鄧小平主持的北戴河會議，就通過價格闖關，解決價格雙軌制與通貨膨脹問題。

二〇〇〇年開始邀請專家學者或勞模至北戴河「度假活動」，至今不曾中斷，加上二〇〇三年胡錦濤接下軍委會主席前夕，宣布過去慣例五大班子（黨委、政府、人大、政協、紀檢）不到北戴河開會。而被招待至北戴河度假會議成為一種榮耀的象徵，權貴的娛樂化或是身分象徵的榮譽。這是種煙霧彈？還是刻意沖淡濃濃政治味？或是讓北戴河會議這種非制度性的政治走進歷史？

縱觀北戴河會議的演變，可以發現，毛澤東、鄧小平等核心領導退居二線後，需要有別於一線領導在北京中南海的發號施令部，北戴河會議成為首選。直到胡錦濤上台要降低江澤民的干政，乾脆取消至北戴河辦公。習近平更選擇讓北戴河會議轉為「北戴河度假活動」，兼顧傳統但完全質變。這讓北戴河度假活動是一種恩賜或恩寵，非體制外的政治核心，北戴河會議已經是名存實亡，不用過度解讀。

日本《讀賣新聞》所預測的中共十九大入常名單或許有所本，但從北戴河會議形式的轉變，以及中共國家領導人的行程看來，北戴河會議在政治上的重要性已大不如前。

逢九必亂，中共的宿命？

> **三年大饑荒**
>
> 一九五九年至一九六一年間，中國因農業集體化和大躍進運動，造成全國性的糧食短缺和饑荒，中外學者估計的死亡人數落差甚大，約在一千六百五十萬至四千三百萬之間。
>
> 一九八〇年代前，中共官方稱之為「三年自然災害」，後來改稱「三年困難時期」。

中共自一九四九年統治中國以來，年份每逢是「二」會出現相對較穩定的政局，但逢「八」或「九」就會出現不少動盪。二〇一九年已近，屆時習近平能避開「逢九必亂」的宿命嗎？

習近平準備進入第二屆任期，權力最集中的時候，十九大理應只是一場過場會議，如今卻充滿太多不確定或不安的氣氛。這或許與共黨歷史的宿命有深厚的連動關聯，尤其愈接近二〇二一年，是中共建黨百年，如何平穩度過二〇一九的逢九必亂有關的宿命？

中共自一九四九年統治中國以來，年分每逢是二會出現較穩定的政局，但逢八或九就會出現不少動盪。如一九五二年實施第一個五年計劃，也完成土地改革，一切欣欣向榮。到了一九五八年則發動大躍進，開啟了後續災難。一九五九年解放軍進西藏，廬山會議批鬥彭德懷，中國進入三年大饑荒時代。到了一九六二年召開七千人大會，為前三年的錯誤提出糾錯與平反，但一九六九年文化大革命進入「鬥、批、改」階段，社會再度動盪不安。

一九七二年美國總統尼克森、日本首相田中角榮相繼訪問中國，為冷戰

兩個凡是

文革結束後，華國鋒提出「既要穩定局勢、又要解決問題」的方針，一九七七年二月七日《人民日報》發表社論〈學好文件抓住綱〉，提到：「凡是毛主席作出的決策，我們都堅決維護；凡是毛主席的指示，我們都始終不渝地遵循。」此謂「兩個凡是」。直到一九七八年十二月，中共十一屆三中全會批評「兩個凡是」的思想，鄧小平指出這與華國鋒有關；一九八〇年底，華國鋒因「兩個凡是」問題辭職。

進行破冰之行。一九七八年鄧小平鬥華國鋒，用「實踐是檢驗真理」鬥「兩個凡是」派，一九七九年全面推翻過去的制度。

改革開放後，八二年中美簽署三個公報，中共針對老幹部退休與大部委進行大改革。八九年最重要莫過六四天安門事件，讓中國的改革開放進入混沌未明與停滯。直到九二年鄧小平南巡講話，重新確定改革開放路線。

一九九九年北約飛機誤炸中國南斯拉夫大使館，引發中國境內民族主義高漲，同時中共全面取締法輪功。

二〇〇二年胡錦濤上台，中國經濟進入新一波的成長，但受到二〇〇八年美國兩房風暴，〇九年中國採取人民幣四兆元的寬鬆貨幣政策，埋下財政危機的因子。二〇一二年習近平上台全面反貪腐，獲社會認同與支持。

一九四五年七月，民主派黃炎培訪問延安，對毛澤東提問：共產黨如何避免「其興也渤焉，其亡也忽焉」的歷史周期？毛澤東明確回答：「我們已找到新路，我們能跳出這一周期，這條新路就是民主……」

早在抗戰時，毛澤東就考慮如何防止黨的幹部腐化變質、防止政權得而復失的問題。四九年三月，毛澤東在中共七屆二中全會告誡全黨，要警惕糖衣炮彈的襲擊，奪取全國勝利只不過是萬里長征走完了第一步。在離開西柏坡進京時，毛又一次地提出不要做李自成。

七十年過去，民主沒有在黨內建立，也未在中國實施，而朝代更替的問題是否解決尚未知。習近平沒有用民主來監督或防止黨內腐敗，卻從毛身上學習治黨從嚴，整風運動，共黨的統治宿命與循環依舊沒有改變。

西柏坡精神

一九四九年三月，由毛澤東在西柏坡（位於中國河北省石家莊市）召開的中共七屆二中全會中指出，中共在西柏坡時期達成歷史性轉折的輝煌成就，完成「從農村到城市」、「從戰爭到建設」、「從新民主主義向社會主義過渡」等成果，特別將此稱之「西柏坡精神」，視為「井岡山精神」、「延安精神」的延續。

紀念「長征」溫習鬥爭

八十年前的長征被中共塑造成英雄史詩，但毛澤東承認是因「犯了路線錯誤，被敵人追趕不得不走了。」長征過程也體現中共最強的基因：一方面對外鬥爭，同時在黨內鬥爭。

北京在中共六中全會前，舉行「長征」八十週年的紀念活動。長征成為共黨及中國革命象徵的圖騰，主要是因為共產黨取得最終勝利，且毛澤東在長征途中在黨內取得定於一尊的地位。

共產黨一黨專政，沒有反對黨的監督，但從成立以來，共產黨犯錯不斷。其不斷自我糾正的方式，主要依靠黨內路線之爭，會議形式成為主戰場。在勝者為王，敗者為寇的史觀下，長征在中共黨史或中國歷史上成為一個「革命」亮點，被包裝成英雄史詩，不斷歌頌「長征精神」。但歷史的事實是，毛澤東在一九六一年接見外賓說：「一萬二千五百公里的長征是光榮的，但實際上是由於犯了路線錯誤，被敵人追趕不得不走了。」

一九三三年蔣介石對中共進行第五次圍剿，讓紅軍與中共的革命根據地造成很大損失。後來中共把這次失敗歸咎中共中央這時期犯了「左」傾錯誤，尤其王明為代表的第三次左傾冒險主義的錯誤。隔年五月，中共中央由博古、李德、周恩來組成最高決策機構，史稱「三人團」。當時提出「戰略轉移的說法」，就跟之後國民黨被打敗跑來台灣所說的「轉進」一樣。

一九三四年十二月中共中央幾個負責人召開非常會議俗稱「通道會議」，解決危機下紅軍行軍路線與戰略方針。毛澤東當時黨內無權、軍內無職，在第五次圍剿以來首次有了發言權，他的建議得到多位同志的同意，從此周恩來與李德發生分歧。

集體領導「三人團」決裂，周恩來在黎平召開會議，這場會議變成影響中國革命前途與共軍命運一場非常重要的會議。紅軍到底要走去哪裡？會議否定了博古、李德的北上主張，接受毛澤東建議轉移到遵義。博古、李德持續反對毛澤東的路線，被迫在猴場附近宋家灣再召開擴大會議，卻再一次否決二人的主張。

一九三五年一月，遵義會議成為共黨最重要一場會議，更是毛澤東人生命運的轉折點。毛澤東在會中取得紅軍與共黨中央的領導權，定於一尊的黨內地位，周恩來從領導變成臣服毛澤東之下。

毛澤東說：「黨外無黨帝王思想，黨內無派千奇百怪。」長征成為共產黨內部權力鬥爭的原型，集體領導就會出現內部鬥爭（黨內有派），例如江胡時期，就有太子黨、江派團派，甚至上海幫等。如果定於一尊之後，就會出帝王思想的核心領導，如毛澤東時期、鄧小平時期，如今則進入習近平時期。中共最強的基因，能一方面在黨內進行鬥爭，一方面同時對外與主要敵人進行鬥爭。

文革風一直都在吹著

中國幅員廣大，統治階層條條塊塊，除了學習中央文件以外，把政策或指令變成「運動」形式推展成為中共的DNA。

二〇一六年十二月二十六日毛澤東誕辰紀念日，山東建築大學教授鄧相超在微博上發文：「如果他在一九四五年死，中國少戰死六十萬，如果一九五八年死，少餓死三千萬，如果一九六六年死，少鬥死二千萬。直到一九七六年才死，我們才終於有飯吃。他做的唯一正確的一件事就是，死了。」隨即在網路上遭到毛左派的圍剿，數十名毛澤東粉絲到鄧相超任教的山東大學高喊文革式口號、辱罵鄧相超，並毆打到現場聲援鄧相超的獨立作家魯揚等人。

事後，山東建築大學勒令鄧相超停職檢查，最後給予記過處分與強迫退休，其省政府參事與政協常委身分，也被山東當局相繼拔掉，並被定調「性質惡劣、問題嚴重、影響很壞」。

河南一個電視台員工在微博發表聲援鄧相超，也立即被電視台開除，罪名是「錯誤言論、行為惡劣、嚴重違反政治紀律、職業道德和社會公德，影

毛左派

堅持毛澤東思想路線的馬克思主義的人。

相對於「毛左」，其他亦有「毛右」、「新左」、「老左」、「港左」、「西左」、「美左」等持不同思想主張的派別。

響極壞。」

鄧相超事件在國際間引發廣大討論，反而在中國，任何聲援的行為或言論立刻被打壓，尤其是網路言論。中共中央或暗或明的推波助瀾，讓毛左派的氣勢因而更張狂。

路線鬥爭往往也是權力之爭。一九二六年就加入中共的惲逸群，在中共奪取上海後，擔任上海市委機關報《解放日報》的社長兼總編輯，副手是張春橋（四人幫大將）。五一年因報紙漏登一則史達林致電毛澤東，慶祝抗日成功六周年的賀電，張春橋抓住機會狠批惲逸群，並成功地取而代之。這就是黨內「積極上位，緊抓打人」的良機。

雖然中共曾經用「十年浩劫」定調文革，但從來沒有否定毛澤東，畢竟毛澤東是中共指導思想，不能自己否定自己。深受文革傷害的鄧小平是如此，媲美毛澤東的習近平更提出「兩個不能否定」：不能用改革開放後的歷史否定改革開放前；也不能用改革開放前否定改革開放之後。習想利用這矛盾的論調，同時安撫左右兩派。當言論衝擊政權穩定，需要毛左派來整風，中共中央就會默許，甚至各級單位也會觀察風向，配合發揮功能。

十九大之後，先取消教科書有關「文革」的部份，勢必對過去定調文革有所變動，畢竟十九大上台的國家領導人們，都曾經歷那一場「文化大革命」，都是身歷其境，感受與領悟也與其他世代完全不同。鄧相超說他害怕文革重來，其實文革已成為中共基因的一部分，過去毛澤東到鄧小平都視統治之需，而將之控制成顯性或隱性；如今的毛左只是如來佛掌中的孫悟空？還是會成為「大鬧天宮」挑戰習近平權力的力量？

為什麼打貪反腐少了英雄典範？

二〇一六年十月中共十八大六中全會前夕，推出一部反貪腐專題影片《永遠在路上》，讓貪腐官員現身說法；今年初中共中紀委舉行十八大第七次全會，再度推出一部新的影片《打鐵還需自身硬》，這專輯分三篇，〈信任不能代替監督〉、〈嚴防燈下黑〉和〈以擔當詮釋忠誠〉，從片名可以略知這次懺悔者是中紀委內部的貪腐官員。

中紀委全會強調習近平上台以來，打貪反腐已取得壓倒性勝利，未來力道不減、節奏不變，並且要把管黨治黨政治責任落實到基層。

出現在《打鐵還需自身硬》中的前廣東省紀委書記朱明國，曾辦過茂名官場窩（貪腐集團）案。昨日打貪英雄，今日淪落為貪腐集團，可見中國官場貪腐是制度性的問題，不過中共反腐運動並未導入制度性改善。

中共歷次政治運動中，宣傳都扮演著運動的重要推手，北京政府及媒體用「坍塌式貪腐」形容貪腐現況，就是無一倖免。在這股貪腐的潮流中，卻沒有出現反潮流的英雄典範。毛澤東說過反潮流是馬列主義的一個原則，反潮流的英雄成為政治宣傳上的需求。

過去為了反舊社會，做好毛主席的戰士，這種氛圍下，雷鋒被包裝成黨員革命的象徵與模範，並不斷在媒體上宣傳「學雷鋒」。在大躍進時期，毛澤東高舉「工業學大慶、農業學大寨」，沒有受過教育的貧農陳永貴成為反潮流英雄後，官運亨通，一路高升到國務院副總理。

知青下鄉插隊運動時期，反潮流英雄更多，如小學生黃帥把與老師的矛盾，投書《北京日報》，被詮釋為階級矛盾，黃帥因而成為革命小闖將。而最傳奇當屬交白卷的張鐵生，在考試中交了白卷，卻在考試背後寫一封信稱：因為忙農業生產活動，沒有時間溫書，批評考試制度偏向不參加勞動而把自己關在小屋裡的書呆子，並強調自己的政治條件與家庭關係都是清白如洗，雖然交白卷但不可恥。媒體讚美張鐵生勇於反潮流讓他成為英雄，儘管成績很差，但還是被遼寧農業學院錄取，並當選全國人大代表。

相對於當年宣傳反潮流英雄，如今貪腐成為中國官場制度性潮流，從打貪腐宣傳片中看到的只有落馬官員的負面案例，卻少了反貪腐潮流的典範。沒有樹立清官如何抵禦誘惑的典範英雄，是缺清官典範？還是宣傳手法改變？

雷鋒

中國共產黨員、解放軍。一九四〇年生，一九六二年因公意外殉職，年僅二十二歲。一九六三年三月五日，毛澤東親自題筆寫下「向雷鋒同志學習」，並將此日定為「學雷鋒紀念日」，從此雷鋒長期被中共塑造為忠黨愛國的模範，更有「學雷鋒」、「雷鋒精神」等媒體。

知青下鄉插隊運動

又稱「上山下鄉運動」，係指一九五〇年代至一九七〇年代中國共產黨為了消滅「三大差別」（工農差別、城鄉差別、體力與腦力勞動差別），而組織城市知識青年（簡稱「知青」）到農村定居和勞動的政治運動。

運動最早可以追溯到一九五五年，在文革開始前，「黑五類」（地主、富農、反革命、壞分子、右派）家庭的子女已受歧視，升學和就業都遇到巨大阻力，因而更願意參加上山下鄉，在政治上洗清自己；文革期間，毛澤東決定結束紅衛兵運動時，才開始真正有組織、大規模地將大批知青送到農村。

文革結束，一九七八年，中國全國知識青年上山下鄉工作會議決議停止上山下鄉運動。隔年起，上千萬知青陸續回城，亦有數十萬留在農村「落戶」。

「人民的名義」，少了民主

《人民的名義》這齣火紅的連續劇中，退休的老書記、家人與部屬交織出結構性貪腐。劇中描述貪腐與反貪腐對抗，卻無制度上的反思，就如同「中華人民共和國」只有「人民」沒有「民主」。

中國二〇一七年最火紅的電視劇首推《人民的名義》這齣連續劇。這是一部由最高人民檢察院出品、宣傳十八大以來打貪反腐的電視劇，劇情更多是現實社會所發生的類似案例，更貼近人民的生活，所以引發很多共鳴。

自二〇〇八年一本《駐京辦主任》官場小說爆紅，引發各類的官場小說都成為暢銷書。二〇一二年十八大召開前夕，一道命令下來把所有官場小說都下架禁銷。如今《人民的名義》只是把官場小說拍成電視影集，除了劇情最後「正」官必勝、腐官必敗的結局以外，無甚差異。禁不禁全在乎是否「可控」，若可控當然是宣傳的一部分；不可控，則必然全面禁止。

《人民的名義》劇中潛伏一些梗，如劇中主政漢東省三十年的

趙家人

中國網路流行語，典出魯迅的《阿Q正傳》，以其中的趙莊趙太爺象徵上層階級，後因二〇一五年十二月一篇題為〈萬科寶能之爭：門口的野蠻人，背後的趙家人〉的文章，泛指與中共高層有密切關係的高級官僚、富商、藝人及其家屬等既得利益者。該文以「趙家人」暗指中共權貴階層，被廣泛流傳。中共中宣部曾下令要求媒體不得使用「趙家人」及類似詞語，甚至處分已使用這些詞語的媒體。

「趙立春書記」，編劇故意用「趙家人」代表貪腐的最核心，而「趙家人」這個比喻大家皆知是指權貴。還有一位退休老檢察長陳岩石，因當年虛報年齡入伍入黨，也面臨屆齡下崗問題，是否暗示王岐山在十九大能否破例任用？果然王岐山破格任用。

退休的老書記、家人與他提拔的部屬交織出結構性貪腐，權力根深柢固，並透過國企進行權錢交易。新上任的沙瑞金書記，省市的一把手，打貪反腐憑藉一個人說了算，居然輕而易舉就終結貪腐結構，可見執政之路全憑一人之喜好，而非寄望制度的監督或黨外的力量。當官口口聲聲不忘「黨與人民」，但劇中只見貪腐與反貪腐，卻不見制度上的反思，唯一被輕輕帶過的就是在領導班子中，採取紀委監督書記的試點。但中共體制，同一級由上一級監督，同一班子的監督恐怕不用試也知道結果，其實貪腐最核心的問題是「黨外無黨」的帝王思想造就了「黨內無派千奇百怪」的結果。

中共七大，毛澤東取得主導權，批判過去的右傾機會主義、左傾機會主義，而提倡「新民主主義革命」。一九四九年六月中政治協商籌備會議開幕，討論有關國名議題，毛澤東說：「過去中華民國是名不副實，現在要建立一個中華人民民主共和國。」六月底毛澤東發表〈論人民民主專政〉，提出「人民共和國」一詞，當時清華大學教授張奚若說：「有人民就可以不要『民主』兩字了，豈有人民而不民主的呢？」

最後果然落實只有「人民」沒有「民主」的共和國，而朝鮮民主主義人民共和國、有民主與人民，更是一大諷刺，這對追求人民民主而創黨建國的前輩們，尤其對張奚若而言，更是大大地打臉。

一代不如一代，中共陽謀變暗鬥

駐京辦　中華人民共和國各級人民政府等機構駐北京的辦事處，目前各層級的「駐京辦」總數約有五千餘家。

香港銅鑼灣書店店長林榮基回到香港主動召開記者會，披露他被扣押的原因與情況，引起香港與世界輿論譁然。中共冒天下之大不韙，不惜大動作破壞「一國兩制」的基礎，也要全面堵住相關「禁書」出版，可見背後的利害遠遠超越香港的穩定，可見犧牲香港成本遠低於權力穩固下的抉擇。

香港一九九七年回歸之後，香港成為北京鬥爭放話與大爆內幕的基地，各類爆內幕的「禁書」源源不絕，尤其在二〇〇〇至二〇一二年之間，中共內幕書籍成為香港特色之一，各出版社比的是時效與精準的內幕。而在中國，官場小說也如雨後春筍般冒出，如：《駐京辦》、《一把手》、《二把手》、《二號首長》、《權力巔峰》等等。這些小說描述的官場生態十分逼真，每本都熱銷。二〇一二年十八大之後，習近平上台，中國大陸官場小說從書架上消失；再之後，香港「銅鑼灣書店事件」人士也陸續被消失了。

中國共產黨鬥爭過去都採取陽謀明鬥，曾幾何時，現在共產黨的鬥爭來陰來暗。這種陰謀暗鬥，少了共產黨先人路線鬥爭的大開大闔。例如一九六六年文革開始，毛澤東對北京運動風潮不如預期非常不滿，趁中共第八屆中央委員第十一次會議，毛澤東用鉛筆在一張報紙邊角上寫了「炮打司令部——我的一張大字報」，雖然毛澤東不點名，但隔天社論公開批判劉、鄧所領導的「資產階級司令部」，劉少奇黨內地位立刻驟降，鄧小平第二次下台。

毛澤東一九七六年過世後，接班人華國鋒上任，為延續文化大革命對毛強烈個人崇拜，且要穩定局勢，也要解決問題，人民日報社論發表一篇〈學好文件抓住綱〉，提出「兩個凡是」：凡是毛主席做出的決策，我們都堅決維護；凡是毛主席的指示，我們都始終不渝地遵循。一九七八年十一屆三中全會，鄧小平批判「兩個凡是」，並提出馬克思主義最基本的原則之一——理論與實踐的統一，「實踐是檢驗真理的唯一標準」，這場鬥爭最後實踐派壓倒兩個凡是派。

中國共產黨一代不如一代，尤其是改革開放之後，黨內少了路線公開鬥爭的方式，卻多了借用境外空間「出口轉內銷」新聞資訊打擊異己，藉由官場小說影射官場種種腐敗。治理上無力疏導不滿的民意，但統治手法又不敢引進民主化，只剩採取更嚴厲的管控手段而已。唯一不變的是「公開自我認錯批判」媒體公開審判。

網路曾經被視為突破的缺口，但習近平上台以來網路言論日趨嚴控。甚至利用網路科技達到監控的極權社會，或稱「雲極權」，如今築起反民主化的高牆，形成具有中國特色的體制，用發展取代分配，用成長壓抑矛盾，這樣的體制能撐多久？

解而不放的解放軍改革

解放軍是中共的黨軍，中共認為軍隊國家化會動搖國本，但眼前更嚴重的問題在於軍隊集體腐敗，背後槍桿子出政權的心態，則是造成腐敗的最主要因素。

根據媒體報導，中共自十八大以來至二〇一七年初，中共解放軍將領級以上軍官跳樓自殺者高達十五人，恐怕是解放軍高階將領非戰爭、非自然死亡率最高時期。背後是習近平打貪腐與解放軍改革有關，二〇一七年是解放軍建軍九十週年，習的改革能否成功？

習近平打貪反腐運動以來，有六十位將領落馬，包括前軍委會副主席郭伯雄、徐才厚、空軍政委田修思、前總政治部主任李繼耐、總後勤部主任廖錫龍等。十九大前，解放軍中央軍委聯合參謀部參謀長房峰輝、軍委政治工作部主任張陽分別與郭伯雄、徐才厚關係密切，直到換屆前夕才落馬。解放軍的貪腐已非個案或單一派系，而是集體腐敗、盤根錯節的共犯結構。為了打破根深柢固，進行解放軍改革，將七大軍區整併成五大戰區，裁軍三十萬人。

今日的果要看昨日的因，解放軍的腐敗由來已久。上一波的軍改是在鄧小平時期，一九八五年將十一軍區整併七大軍區，裁軍一百萬。當時因應改革開放的需求，要節省軍費支出，中共中央做出一個重要決定，允許解放軍可以進行商業貿易活動，鼓勵軍隊從事生產經營和對外貿易。

當時國防部長張愛萍極力反對，並稱必然導致腐敗，是軍隊恥辱、國家的悲哀，提倡部隊做買賣，無異於自毀長城。果不其然，立刻自食惡果，軍隊不務正業，與地方爭利，影響軍民關係，擾亂國家經濟秩序，更滋生腐敗，敗壞部隊風氣。

軍隊經商易放難收，江澤民上台之後，以增加軍事費用來逐漸收縮軍隊經商，分步整頓，並裁軍五十萬。直到一九九八年下半年，才停止軍隊武警部隊的一切經商活動。

一九二七年毛澤東發動秋收暴動失敗之後，率領殘部退到江西永新縣的三灣村，進行部隊改編。當時首次提出在黨支部建在聯隊上，開始黨對軍隊的絕對控制；一九二九年的古田會議，確定黨指揮槍的路線，槍桿子出政權

三灣改編

一九二七年九月，中共規劃一連串暴動，稱作「秋收暴動」，最後失敗告終，中共整編殘餘部隊，由此確立了「黨指揮槍」的模式。

的模式。

一九四九年之後，中共軍委會主席成為最高權力者。軍委會成員成為擺平各派系軍頭的地方，副主席高達十多位，軍委會最高有五十六位，華國鋒時期更高達六十一位。解放軍組織十分臃腫，鄧小平當年形容解放軍已經是紙老虎。

除了解放軍以外，也把地方兵權武警收回中央，統一由中央軍委會管轄。對於蘇聯垮台原因，習近平認為主因是軍隊國家化而不受黨的領導。解放軍的改革已經到需要打掉重練階段，打貪反腐撐出改革的契機。不過依習近平的思維，改革依舊在黨指揮槍的前提下，並視軍隊國家化將動搖國本。這兩點若無法突破，再多冠冕堂皇的改革口號，依舊是換湯不換藥。

「媒體姓黨」，看習近平核心

觀察中國政治，可以從有趣的口號或標語，看出蛛絲馬跡，中國傳統文化，缺什麼補什麼的概念，也常常運用在政治「用詞」，如近期常常出現「媒體姓黨」，以中共黨指揮槍、黨指揮政、當然黨也指揮媒體，這是無庸置疑，那為什麼要特別提出媒體姓黨？代表媒體改姓？或不是「核心」所控制。

又如二〇一六年開始有地方大員主動提出「擁護習核心」，「核心」這詞自中共十六大胡錦濤接任總書記之後不曾出現，事隔十四年習近平核心稱呼再現，但卻沒有在兩會成為共識，這次出現的模式又與江澤民的時候不同。

中共的「核心」說法是有所依據，江李體制在八九民運之後開始，加上保守勢力的掣肘，江、李聲望不高，中共試圖穩固「江核心」的意圖，是極其明顯，新集體領導共同決議：任何一個集體領導都要有一個核心，沒有核心的領導是靠不住，該次會議確定「鄧核心」交棒「江核心」。

核心過去只出現毛澤東（主席）、鄧小平（總舵手）、江澤民（總書記）。習上台以來，密集設計領導小組並投入親自擔任組長，習近平被視中共權力最集中一位領導人，但習近平的核心非由中央決議（也沒有定調），而是由下層地方大員發動擁護，與江澤民核心是上層領導集體決議不同。

中共成立一九二一至一九二四年設中央執行委會委員長，一九二五之後才設置總書記，一九三七年毛澤東取消總書記，一九四一年毛澤東以軍委主席兼總書記一職，一九四五年中常會設主席不設總書記，一九五六年主席制下恢復總書記（鄧小平擔任，但地位大不如前），文革期間取消書記處，一九七八年華國鋒擔任國家主席，恢復總書記制（胡耀邦擔任）分散權力。六四民運之後，黨、政、軍三位一體，成為權力的最高領導人。

總設計師鄧小平，有鑒於毛主席時期容易流於獨裁，中共的體制採取「集體領導」和「個人分工」兩項指導原則下交互運用的制度。雖然體制非中共正式提法，但集體領導需要有人帶頭，主要黨政領頭人物，如江澤民、李鵬稱「江李體制」，江澤民、朱鎔基稱「江朱體制」後來的「胡溫體制」，習近平與李克強十八大剛接班時被稱「習李體制」但之後權力逐漸集中習近平之後，習李體制就甚少出現在媒體用詞。

胡錦濤時期，集體領導妥協下，政治局常委增加至九位，周永康負責政法委，形成自己地盤與王國，十八大針對政法委開刀及爆發周永康事件。十八大之後劉雲山掌宣傳口，挾持江澤民人馬與宣傳系統經營四十年，中國媒體逐漸姓「劉」，如何從劉雲山手中奪回傳宣陣地？習近平用「媒體姓黨」進行權力鬥爭，下令禁止網路親民「習大大」稱呼，禁止妄議中央等等。

習近平上台之後，逐漸收回分工，看似權力越來越集中，但從「媒體姓黨」、「核心」詞彙出現，可見習近平的權力遇到一股挑戰的力量，暗潮洶湧，不如表面的穩固，更充滿不確定因素。

習近平的接班布局

習近平第一屆領導班子，都不是習近平的人，所以常委不團結，導致習近平地位不穩的傳聞不斷。宣傳部門更是狀況不斷，雖然十九大只是習近平連任過場而已，但要記取過去教訓，安插自己人馬，接管各系統如提拔黃坤明接中宣部副部長。但依過去中共做法，下一屆接班人需要提前入常（進入政治局常委會），但在十六大時，江澤民和曾慶紅為阻擊當時六十八歲李瑞環連任，提出「七上八下」的潛規則，就是六十八歲要下、六十七歲上的政治規則。習近平如果要在二十大能繼續執政，需要有人在十九大先打破七上八下的規則，之前這個人選是王岐山，但就政治操作面上，王岐山已成為攻擊習近平的箭靶，更難為王岐山打破七上八下。

中國以黨領政，在三十一省市區以黨常委會組成領導班子，省級常委會編制十一至十三人，但也有例外（報備中央即可），設書記一名，副書記二名，還會一位副省長二位市委書記（省會市及該省重要城市的市委書記），負責統戰部長、宣傳部長、省紀委書記、組織部部長等，如果該省有軍區也會納入軍區司令員和政委。如果是政治局委員、中央委員、或中央委員候補成員，兼任黨委會成員，未來是升遷被矚目的明日之星。

十八大開始，打擊貪腐，拉下很多省級官員，這股風暴尚未劃下休止符，二〇一七年清明節假期剛結束，立刻又拉下遼寧省常委、政法委書記蘇宏章，山東省濟南市委副書記兼市長楊魯豫。再透過空降與異地調動，調整省級常委會成員高達兩百二十三人，已經超過各省常委總人數一半，其中有一百一十二人是六〇後（五年級），二〇一六年兩會之後，更密集調整一把手（省書記）。

最驚悚莫過於被指定隔代接班人孫政才也中箭下馬，重慶市委書記換上習近平的親信貴州省委書記陳敏爾（一九六〇年）接任，習近平已經打破「指定隔代接班」的默契，孫政才的下馬，讓原本被指定的儲君胡春華（原廣東省委書記）更加坐立難安，十九大也沒有進入政治局常委會。

依制度十九大（二〇一七年）就是為二十大（二〇二二年）接班進行準備，能進入十九大、二十大、二十一大的領導人，勢必就是從現在省委書記中提拔，雖然打破七上八下、指定接班等潛規則，但年輕化是中共培養幹部的首要考量，因此十九大入常且年紀在六十年後出生，成為未來的重要指標，檢視目前的人選，政治局委員且兼一把手，重慶市書記書記陳敏爾（一九六〇年）。擔任常委或部門主管，如河南省常委毛萬春（一九六一年）黑龍江省長陸昊（一九六七年）。

另外可以觀察的重點是「習家班」的地方大員，半年內連三級跳的北京市委書記蔡奇（一九五五年）、硬插入上海幫的市長應勇（一九五七年）、習近平的同學李希（一九五六年）接任廣東省書記、吉林省書記巴音朝魯（一九五五年），另外候補中央委員也不能小覷，習近平擔任福建省黨委副書記，在十五大時（一九九七年），首度成為中央委員候補名單最後一名。如今各省黨委書記中有中央候補委員身份還有廣州市委書記任學鋒（一九六五年）、海南省副省長毛超峰（一九六五年）、江西省委組織部長趙愛明（一九六一年、女）、濟南市委書記王文濤（一九六四年）、自治區副主席藍天立（一九六二年）。

習近平權力是更集中？還是處於更不穩定階段？打擊貪腐涉及江澤民或

胡錦濤的人馬問題，如今習近平接班五年才逐漸透過地方大員的調動升遷，建立自己的人馬，習系統逐漸明朗化。但過去江規胡隨，制度會固化？還是新的改變？將會是新變化，但世代交替是不變的真理。

毛澤東時期，常常與省級地方首長開會，「地方討論、中央畫押」模式，鄧小平之後，中國領導人都需要地方歷練，現在二十五名政治局委員四分之一是地方一把手。中國進入政治換屆高變動期，關注中國政治，需要把眼光放在一九六〇年後出生，目前擔任省級幹部這一族群。

中國改革開放近四十年，有些改革前的問題，積累至今，如戶籍制度，也有一些是改革開放之後的新問題，如農民工、經濟問題，產權物權等，習近平上來以來，除弊重於興利，而興利的前提如何改善目前的問題，恐怕才是當務之急，尤其社會詬病與沈痾，才能消弭與日俱增社會對立的矛盾。

第二篇　問題與興利

北京一場大火，燒出習近平新時代的老問題

中共十九大才落幕，掀開習近平新時代的開始，習近平在國際的舞台更是風光不已，中國內部各階層都展開學習十九大的精神，迎接中國強國的來臨。十一月十八日北京一場大火，奪走十九條人命，其中包含八位兒童。北京自古就有「東富西貴、南貧北賤」的說法，而火災又發生在北京東南邊的大興區，都是進城打工者的廉租區。

火災之後，北京市政府採取的對應動作，展開為其四十天的「安全隱患大排查、大清理、大整治專項行動」取締違法場所及拆除違章建築，更在事故發區地方及多個市區交接處，大量廉價出租房，採曲式「限時搬遷令」，把這些外來人口用強制手段搬離北京，短短三天驅離三百多萬人，一個新北市的總人口數。被嘲諷是採取割離方式，把人趕出去就不存在問題，眼不見為淨，也凸顯地方主義，不在我的地方就不是我的事。

一九五五年中國為了消滅三大差別，**工農差別**、**城鄉差別**、**體力與腦力勞動的差別**，發起上山下鄉運動，讓知識青年到農村。在一九五八年之前人民是可以自由遷徙，但同年訂定戶籍法之後，加上採取計畫經濟，個人物資

採取全民配給制，依照戶籍為依據，人口嚴格管制流動。一九六六年文化大革命，開始大規模上山下鄉插隊運動，由城市輸送知青上山下鄉。

一九七九年改革開放之後，引農村過剩的勞力轉移到工業上，開始允許農民進城為農民工，但依舊沒有定居或改變戶籍。但城市的邊緣居住一群進不了城也退不回鄉的農民工，隨這一線城市人口不斷增加，城市不斷往外擴張，這群被官方定名為「低端人口」群族不斷增加。

不想北京「拉美化」

都市邊緣的貧民窟化，不是新問題，改革開放以來，不斷被討論，中國很早就一直避免城市拉美化，所謂城市拉美化一個很重要的特點就是**城市貧民窟化**，所以強制措施驅逐流動人口，成為中國官方避免一線城市拉美化的做法。但隨著城鄉差距，貧富差距加大，進城打工成為脫貧的唯一選擇，也為城市提供廉價勞力，造成相互依賴的結果。

老問題存在已久，在卻在十九大之後一場大火，燒出新問題，地方為官者，力求在習近平新時代有所表現，展現效率與魄力，強拆與強制驅離。引發各界一片譁然，百位學者連署抗議，但抗議的聲音很快被「消音」網路被管制，海外聲援聲量不斷暴增，一股蠢蠢欲動，山雨欲來的政治風暴。

北京市委書記蔡奇，猶如清朝雍正時期的鄂爾泰、田文鏡、李衛之後，在十九大之後急於表現，為習近平的新時代建功，雖政事幹練，卻刁鑽刻薄，清官與酷吏於一身。雖然進入習近平的新時代，但依然用老方法處理老問題。或許都市處理低端人口，是為了因應經濟衰退常態化的衝擊，避免都市低端人口失業所帶來的城市隱憂？

假斑馬會變成真斑馬？

川普當選引發全球一陣恐慌，尤其在就職日宣布要退出《跨太平洋夥伴合作協定》（TPP），讓西方國家籠罩在一股反全球化的情緒之中。而在另一個場景，於秘魯召開的二〇一六年亞太經合會（APEC）大會上，中國國家主席習近平發表演說，展現高度政治技巧，中國將接棒美國，持續推動全球化、帶領推動全球化的意味濃厚。中國引領全球化成為熱門話題。

經濟發展或全球化議題在中國依舊屬於政治議題，以政治為最高領導，過去是如此，未來也是如此。中國加入APEC才二十五周年，而改革開放前，為了中國自己造船、還是先跟國外買船？引發「崇洋卡國產」政治風暴。

文革期間，周恩來、鄧小平主張，國造為輔、購買為主，但一九七四年上海江南造船廠製造一艘普通一萬噸巨輪，當然鼓舞以四人幫為主的革命派，他們反對洋人貿易。這艘「風慶輪」只能在近海航行，因此四人幫希望風慶輪能出一趟遠洋的任務，揚揚國威，原本只是嚷嚷而已，卻居然被核准，首航到羅馬尼亞而且順利返航。一時之間，賣國主義、洋奴哲學、崇洋卡國產等批判，均指向周恩來、鄧小平，要他們要下台負責。當時，鄧小平回應江青說：「才一萬噸的船，吹什麼牛，一九二〇年我到法國留學時，搭的是五萬噸的船」。用政治手段化解改革障礙，北京大學經濟學家張維迎常用「斑馬與馬」的故事來詮釋：有一座村莊用馬當常用的牲口工具，但這匹馬很懶、效率很低，村長看到隔壁村的斑馬很有衝勁，想把馬換成斑馬，大部分村民卻因為習慣與感情因素而反對。晚上村長就偷偷在馬上塗上幾道白漆，第二天村民發現馬怎麼變成斑馬，就跑去質疑村長。村長說沒有換斑馬，只是塗上顏色而已，村民一看還是原來的馬，日子久了也習慣這些畫上斑馬線的馬。村長找到機會就把假斑馬換成真的斑馬，有一天村民發現他們的馬被換成斑馬，但因為斑馬比馬更能幹活，大家也就接受這個轉變。

以美國為主的西方國家，逐漸認識到中國是這一波全球化最大受益者，美國民眾反而成為受害者。中國用十四億人口的廣大市場當誘餌，用市場換來資金、技術。中國讓全世界認為他們是一匹斑馬，其實只是一匹畫上斑馬線的馬。中國廣大的市場是一個獨立於全球化的市場，是一個自訂規則與遊戲的市場，雖然從過去封閉到開放，甚至未來可能繼續領導全球化，但這會是中國的全球化還是全球化的中國？

產能過剩是中國經濟的宿命

「供給側改革」說穿了就是共產黨慣用的計劃經濟，希望藉此解決產能過剩問題——中國自一九七九年改革開放以來，每隔幾年就會面臨這個問題。

中國國家統計局公布，二〇一六年第一季中國GDP比去年同期增長百分之六．七，雖然還在百分之五到百分之七目標區間內，但創下了新低。未來中國經濟成長率勢必放緩或減速，為了因應這個局勢，中共從中央到地方，都用新政治口號「新常態」來合理化這種現象。

習近平知道情勢十分的嚴峻，所以中共在二〇一二年十八大之後提倡「全面深化改革」，希望透過「三板斧」的手段來改善經濟情況：第一板斧是簡政放權，釋放市場活力；第二是讓市場在資源配置上扮演決定性角色，也就是說，法律沒有禁止的，就可以做；三是壓縮公權力，把權力關進制度的籠子裡。

全面深化改革就是要限制政府那隻「看得見的手」，並重新界定政府與市場的邊界。不過，迄今效率不彰、緩不濟急，並無法解決眼前的產能過剩，只好再推出新的「供給側改革」政策。

所謂供給側改革，說穿了就是用新名詞來包裝共產黨慣用的計劃經濟，希望透過政府的手，達到去產能、去庫存、去槓桿、降成本、補短板。表面上說是新常態，本質上還是舊結構跟舊手段。

產能過剩其實是計劃經濟的宿命，自一九七九年改革開放以來，每隔幾年就會面臨這個問題。早在江澤民時期，朱鎔基就處理過這個問題，當年採取的手段是貨幣政策，在供給面逼著企業去產能、去槓桿，讓企業彼此兼併，讓不良企業加速破產，下崗分流勞工。而在需求面則是由政府釋放出新需求，像是房改、稅改、匯改等等。

到了胡錦濤主政時期，溫家寶也處理過產能過剩問題，當時也是在供給面淘汰或限制落後的產業，然後在需求面透過寬鬆的「四萬億救市」貨幣政策，以及「家電下鄉」等政策，拉動需求。說起來也是一脈相傳、大同小異。

說產能過剩是計劃經濟的宿命，是因為計劃者無法準確地預估市場的供

四萬億救市

二〇〇八年，國際經濟危機，時任中國國務院總理溫家寶於當年十一月的國務院常務會議提出「四萬億投資計劃」（人民幣），搭配十項擴大內需、穩定經濟的財政、貨幣政策。但後續效益不彰，某些評論認為扭曲經濟結構，造成產能過剩的後遺症。

需，而各級官員在乎的是政策指標是否達成，而非市場供需是否平衡，一旦供需失衡，要不是經濟蕭條，就是產能過剩。改革開放以來，中國政府最怕的是經濟蕭條造成的大量失業潮，所以在擬定經濟計劃時，總是會往產能過剩的方向傾斜。

中國改革開放以來，高舉「具中國特色的社會主義」大旗，說穿了，就是不左不右，時而社會主義，時而資本主義。在這個危機時刻，中國終究還是選擇了用社會主義的計劃經濟手段處理產能過剩問題。

家電下鄉

二〇〇七年七月，全球金融海嘯，十二月，中共宣布「家電下鄉」，由國家補貼農民購買限定類別的家電產品，以此擴大內需市場，因應中國外銷訂單崩跌的危機。

國企風暴

「債」撐五年？

習近平上台以來，推動的國企改革以整頓貪腐為主。之後李克強在二〇一六年出檯「債轉股」政策，這個政策能徹底改革國企？還是只是推遲國企泡沫破滅？

從二〇一六年初習近平提出「供給側改革」，接著三月李克強在博鰲論壇上拋出要降低企業槓桿，推出「債轉股」政策（debt-equity swaps，簡稱DES），接著市場傳出中國政府推出人民幣一兆元來解決國企債務，六月底「債轉股」定案出爐。

繼二〇一四年錢荒、一五年股災，一六年債災，一七年的嚴管資金外流，尤其從一六年至一七年地方政府換屆，接著十九大的換屆前夕，如此大動作進行國企的改革，又有何政治意涵？

所謂「債轉股」就是為解決過去銀行借錢給國企，如今因國企經營不善，出現無法還錢的窘境。新政策把過去欠債轉成銀行持有國企的股份，讓銀行與國企的債務同時在帳面上降低，被視為解決銀行與國企不良債權最佳武器，看似不錯的政策，其實是新瓶裝舊酒。

三角債

指企業之間彼此拖欠款項，例如甲為乙的債權人，乙為丙的債權人，但若有一天丙無錢還乙，乙也就無錢還甲的話，則三方構成三角債。中國企業自八〇年代中後期就逐漸產生三角債的問題。

一九九八年江澤民提出國企改革，就是採取「債轉股」的方案，以解決國企之間盤根錯節的三角債問題。處理的對象由政府選擇決定，價格按帳面價值，呆帳全部由財政部買單。江澤民系統趁機掌握中國經濟命脈，成為最大受益者，如江澤民家族的電信行業、周永康的石油幫、李鵬家族的電業、劉志軍鐵路幫等等。當年的國企改革，採取「一刀切模式」，最大受害者卻是被下崗（失業）工人。當年順口溜說：向北看，下崗工人千千萬。

習近平自二〇一二年十八大上台以來，雖然也推動國企改革，但以整頓貪腐為主，超過一七一位國企高階管理人員落馬，但依然切不斷舊勢力的利益集團對國家經濟的掌控。反而因國企產能嚴重過剩，國企債務危機成為習近平的燃眉之急，波及之廣不能掉以輕心。

國家發改委財政金融司副司長、宏觀經濟研究院經濟研究所副所長孫學工，批判江澤民主導推動的「債轉股」政策。他強調新一波的債轉股，債轉股對象企業與價格由市場決定，政府不「兜底」（概括承受）。但商業銀行在中華人民共和國境內不得從事信託投資和證券經營業務，不得向非自用不動產投資或者向非銀行金融機構和企業投資，但國家另有規定除外。所以銀行、國企、政府都非市場所持有，如何由市場那看不見的手決定？

二〇一七年是國企最低調的一年，涉及國企人事異動，有些人急著趁換屆趕緊求安全下莊，大多是還是準備這次大換血中卡位，爭取有利的位置，國企的人事安排也是十九大之後人事布局大戲。

習近平執政強調「市場」重要性，面對國企改革卻不是採取「市場化」一次性解決，而是選擇用「債轉股」爭取五年時間，推遲國企泡沫破滅。五年也是習近平依現有制度最後任期期限，更是中國共產黨創黨百年的界線。

從革命輸出到鋼鐵傾銷，中共要保命

大躍進喊出「以鋼為綱」，毛澤東要超英趕美，還要輸出革命，結果大躍進成了大災難。如今，習近平要去產能、去庫存，鋼鐵業只好對外傾銷，輸出過剩產能，結果全球抗議。

二〇一六年四月中，比利時政府與經濟合作與發展組織（OECD）共同舉辦國際鋼鐵會議，會中比利時副總理彼德斯（Kris Peeters）要求台灣代表離場引起國人關注，其實這場會議矛頭主要針對的不是台灣，而是中國。

中國自二〇〇〇年後成為全球最大鋼鐵產國，產能約占全球一半。世界鋼鐵協會（WSA）公布全球二〇一五年粗鋼產量為一六．二三億噸，中國產量達八．〇三八億噸，是美國的十倍以上。而據OECD統計，二〇一五年全球約有七億噸過剩產能，其中超過四億噸在中國。

產能過剩背後就是企業嚴重虧損。中國過去是投資、出口、消費三頭馬車，以需求帶動成長，如今調整為以供給為主。習近平提出「供給側改革」就是要去產能、去庫存、降成本；鋼鐵業尤為重中之重，只好四處傾銷、輸出過剩產能。

根據歐盟統計，二〇一五年歐洲各國進口中國鋼鐵產品總量為九五六萬噸，成長率百分之二十七，期間歐盟鋼鐵價格下滑四成左右。二〇一六年中國第一季鋼鐵產能較前年同期下降百分之三・二，但三月分中國鋼鐵出口依然成長三成。

歐洲各國抗議的狼煙四起，該次國際鋼鐵會議，就是針對全球鋼鐵產能過剩與中國低價傾銷所引發連鎖效應。會議前一周，逾四萬五千名德國鋼鐵工人罷工，要求政府有效對付中國廉價鋼材並保護就業機會；更早，二月間歐洲十七國鋼鐵從業者約五千人在布魯塞爾抗議遊行。

歷史是弔詭的，一九五八年夏天，中共中央政治局擴大會議通過〈全黨全民為生產一〇七〇萬噸鋼而奮鬥〉的決議，要求把鋼鐵生產與建設放首位，要為「鋼元帥升帳」讓路，以鋼為綱，大搞群眾運動、土法煉鋼。毛澤東決定要以一天等於二十年的速度，花十五年超英趕美，實現社會主義理想社會。不僅鋼產能要翻一番，還要輸出革命。毛澤東說，無產階級只有解放全人類才能解放自己，所以要輸出革命運動。

國際鋼鐵會議當然不會有結果，中國不點頭簽字，會議注定破局。毛澤東時期的大躍進帶來大饑荒，習近平則面對產能過剩後百萬勞工的生存，以及各國的反撲。二〇一六年六月黑龍江雙鴨山煤礦上萬工人占據鐵路抗議、吉林通化鋼鐵廠爆發工潮……，都是因為發不出工資。鋼價已賤如白菜，但全國百萬勞工卻不能下崗，否則共產黨禁不起這樣折騰。

毛澤東喊出「超英趕美」只為催眠群眾；習近平傾銷鋼鐵、以鄰為壑卻是不得不然，中國成為國際惡霸，只因共產黨要保命。

「入世」十五年後，中國到底姓什麼？

二〇一六年歐盟、美國、日本相繼宣布不承認中國市場經濟地位，這對中國是一大打擊。二〇〇一年台灣與中國同時加入世貿組織（ＷＴＯ），中國談判入關時，由於中國市場經濟體制尚未建立，政府可能透過國企、補貼或行政手段鼓勵大量出口，歐美國家以這些做法會衝擊ＷＴＯ成員國的市場為由，規定對中國反傾銷調查可以直接用第三國類似的價格替代。這是依當年中國加入ＷＴＯ的第十五條而來，觀察期為十五年。不料期滿後，歐、美、日仍不承認中國市場經濟地位。

市場經濟定位，各國標準不一，但大致指政府對經濟的干預程度、市場自由程度以及政府對生產方式的控制程度等等。說穿了，就是中國到底是資本主義市場經濟？還是社會主義計劃經濟？如今，國際上也在論證中國是姓「資」還是姓「社」？而中國老左派當然不會錯失良機，藉機指桑罵槐，暗批中共執政者。

中國商務部發表強烈譴責，捍衛中國是市場經濟的國家，並取得八十多國的承認；反觀網路老左派的言論，批判西方國家不承認中國市場經濟地

社會主義市場經濟

中共在鄧小平時代實施改革開放後，描述其經濟制度的官方術語，確立於江澤民擔任中共總書記時期。其意指社會主義制度與市場、自由貿易或任何可行的經濟政策並不矛盾，與一般「社會主義」的定義不同，故又稱作「中國特色社會主義」。

位，實際上就是撕毀WTO協議。左派更搬出毛澤東四句箴言：「帝國主義亡我之心不死」、「搗亂，失敗，再搗亂，再失敗」、「一切反動派都是紙老虎」、「獨立自主、自力更生」。

他們更鼓吹中國面對西方國家要敢於、善於鬥爭，在政治上要形成統一戰線，拉攏俄羅斯、敘利亞、古巴、伊朗，在北韓問題上要製造緊張，在聯合國安理會上要永遠投下反對票。

一九八九年天安門事件後，毛左派也曾經抓到機會藉機反撲。一九九〇年二月左派的中宣部長王忍之在《人民日報》發表〈關於反對資產階級自由化〉一文，提出一個重要問題：中國是推動資本主義化的改革？還是推動社會主義的改革？開始姓「資」還是姓「社」的爭論。直到一九九二年鄧小平南巡講話，強調中國的改革若不走搞市場經濟，只有死路一條，才平息這場爭論。因此江澤民上台後才高舉「社會主義市場經濟」，但西方認為，這只是一個政治口號而已。

二〇一七年，美國繼續不給中國市場經濟地位，而歐盟有條件給，但對過去採取替代國模式，計算是否違反反傾銷稅，改變計算，使歐盟雖然承認中國的市場經濟地位，但依然可以對中國祭出較高的反傾銷稅。

反全球化下，各國政壇更是右派當道，中國卻反其道而行，寧左勿右。鄧小平南巡時曾說：「現在有右的東西影響我們，也有左的東西影響我們，但根深柢固的還是左的東西，有些理論家、政治家、拿大帽子嚇唬人的，不是右而是左。……中國要警惕右，但主要是防『左』。」這句話至今仍適用。

中國經濟泡沫真的是鋼打的？

每隔一段時間，中國經濟泡沫化問題就被討論一次，但從一九七九年至今，經濟泡沫猶如狼來了。久而久之，中國經濟成為不會泡沫破滅的神話，因此有人形容中國的經濟泡沫是鋼打的，所以不會破掉。

每年的歲末所舉行中共中央經濟工作會議，成為隔年經濟重點的重要指標。如二〇一三年提出「三期疊加」（「增長速度換擋期」、「結構調整陣痛期」與「前期刺激政策消化期」同時），強調經濟轉型；一四年提出「新常態」；一五年則是「供給側結構性改革」。

有別於以往著重產業面，二〇一六年工作會議首次提出貨幣政策「穩中求進」，會議提出的幾個重點，包括：加強房市調空、抑止投機、貨幣政策的穩定性，以及防控金融風暴等，都直指中國經濟根本問題所在。

多年來中國貨幣供給量都維持二位數的成長，二〇〇九年更高達百分之二十九．七四。弔詭的是，二〇一七年上海地區銀行之間的隔夜拆款利率卻高達百分之十五，顯示資金依然緊俏。多與不足皆凸顯結構失衡，而流動性緊張一個重要原因是資金外流十分嚴重。

自二〇〇八年金融風暴之後，中國大量海外併購。高盛銀行公布，二〇一五年八月至二〇一六年十一月，中國資金外流高達一．一兆美元，比中國人民銀行（中國中央銀行）公布的五千四百億美元多了一倍。

八年來中國的國有企業海外併購逐年增長、無孔不入，引發各國恐慌，加上政治上打擊貪腐，個人資金急於轉出避險，資本外逃逐漸失控。即使人民幣面臨國際化、自由化關鍵時刻，為了幫資金外移止血，不惜矯枉過正，包括：規定跨國企業要匯出五百萬美元以上、中國企業海外投資十億美元，都需要外匯管制局批准，甚至個人帳號採取全面管制。

上有政策下有對策，二〇一六年中央的政策就是去庫存，地方政府、銀行、房地產商緊抓政策謀利，炒房炒樓幾乎失控，房地產價格飆漲超過五成，這股泡沫也成為下一波中共中央經濟工作的重點。

經濟工作會議期間，廣西的國海證券卻爆發違約交割，損失近十億元人民幣。十天之後，有國資背景的P2P平台京金聯網絡服務有限公司陷入非法集資事件，到期無法兌現的本息金額也超過十億元人民幣。兩起看似獨立的事件是否為全面泡沫擠爆的徵兆，成為觀察指標。

延遲泡沫破了，延長時間與空間，而一帶一路就是把國外市場國內化，把投資年限拉長。見微知著，上述問題反映出習近平在十九大換屆之後面臨的經濟、金融難關不易過，正考驗著他能否順利「穩中求進」。

當中國跨過中等收入陷阱之後

二〇一一年中國國民所得人均突破五千美元，隔年習近平掌權開始，對經濟發展首度提出「新常態」，放棄自〇八年以來，胡溫所堅持「保八」線，放慢中國經濟成長率成為新常態，新常態成為中國經濟的熱門關鍵詞。但一七年中央經濟工作會議，不再提新常態，一改新說法，「穩」是主基調，穩是大局，在穩的前提下有所進取。

一九九七年亞洲金融風暴，中國人均所得七七四・四七美元，二十年後二〇一六年人均高達七九二四・六五美元，呈現十倍數的成長。這也讓中國進入所謂「中等收入陷阱」的危機——國民所得突破五千美元之後是否能突破一萬二千美元關卡。

很多低收入國家進入中等收入國家行列之後，經濟長期陷入停滯不前，這一方面是因為生產要素（如土地、人力工資等）大幅提升，勞力密集產業往工資更低的國家或地區流動。這就是之前一波台商外移的主因，而如今中國也一樣失去低成本競爭的優勢。另一方面，缺乏先進國家的競爭產業優勢，技術或品牌或通路無法超越新進國家，導致陷入中等收入陷阱之中。

二次大戰之後，除了產油國家以外，就亞洲四小國從低收入跨過中等收入陷阱，其他國家都還在此陷入無法脫困，跨過中等收入陷阱成為中國經濟學家的熱門顯學。

中國已經有一半省市，常住人口數突破五億人，跨過所謂中等收入陷阱的界線，中國的經濟不是鐵板一塊，更像很多區塊所組成，所以不能用單一個體的概念看待，就如同鄧小平說：「一部分地區、一部分的人可以富起來，帶動和幫助其他地區、其他的人，逐步達到共同富裕。」

中國四分之一世紀以來的發展路徑就如同鄧小平所主張，結果是貧富差距加大，區域發展嚴重落差，高成長率的背後是資源效率低、人口紅利消失，老齡化提前來臨。還沒有達到均富，人們開始懷念毛澤東時期至少平等的「均貧」。

中國跨過中等收入陷阱應不是問題，問題是跨過之後的內部社會、經濟眾多問題交疊而成，構成不穩定的基石。習近平強調馬列主義、毛澤東思想一定不能丟，丟了就喪失根本。幸運的是，代表資本主義的美國有川普

（Donald Trump）當權，反而給習近平有走向毛澤東道路的理由與藉口。

經濟成長或跨過中等收入陷阱，還非當前急迫的議題，在十九大政權異動之後，習近平要拉長掌權時間，中國領導班子會以「穩」為主要訴求，一切為大局而「穩」。

房地產到底姓資還姓社？

中國總理李克強在二〇一七年人大政協年兩會閉幕記者會上，被問到房屋產權七十年到期後怎麼辦？李克強先用一句古話「有恆產者有恆心」來回答，接著說：「可以續期、不需要申請、沒有前置條件、也不影響交易。」他的回答獲得網民掌聲肯定。

其實中國早已通過《物權法》，為何至今房屋產權問題依舊無解？房屋產權不論年限四十年、五十年或七十年，為何不能轉變成為永久性？其核心涉及中國《憲法》對房地產是十分明確姓社，無論是憲法前言或內文，如第十條規定城市的土地是屬於國家，農村屬於集體所有，任何組織或個人不得侵佔、買賣、出租或以其他形式非法轉讓土地。

毛澤東急於要讓中國進入共產主義階段，所以推動人民公社、大躍進等。到了一九七八年改革開放路線確定，必須為新的政策路線建立理論基礎。因此，七九年當時人大委員長葉劍英提出中國還是個發展中的「社會主義初級階段」說法。一九八一年年中中共十一屆六中全會通過《關於建國以來黨的若干歷史問題的決議》，明確指出中國的社會主義制度還是處於初級的階段。

往後每屆全會都補強論述中國處於「社會主義初級階段」。在這個「初階段」是為了解決中國「姓資姓社」問題，提出社會主義市場經濟，以公有制為主，市場經濟為輔的說法。土地還是公有制，房產採取市場經濟承租一定年限。隨時間推進，承租年限逐漸到期，也被迫要解決這個歷史遺留問題。

因此，一九九三年開始起草《物權法》，二〇〇二年送到人大常委會審查。物權的核心其實就是所有權，讓房產改姓資，但反對派高舉憲法中「社會主義的公有制神聖不可侵犯」，他們強調經濟制度的基礎是生產資料公有制、全民所有制和勞動集體所有制，否則剝削與階級問題會逐漸嚴重。一一年才通過的《物權法》也未能完全解決房產權問題。

以當年為農村土地要鬆綁為例，二〇〇二年通過《土地承包法》，到二〇〇八年中共十七大中全會更強調要建立健全土地承包經營權流轉市場。雖然承包經營權和使用權可以轉讓，本質已姓「資」，但名依舊不改姓

「社」。

李克強的談話，加上習近平宣布要在二〇二〇年前要制訂完整的《民法》，以規範財產權等重要議題同時推出房屋稅，讓持有成本一次性租金改成年年繳納。這些跡象顯示，房地產將持續「做」不改名——名依舊是姓「社」，但做的是姓「資」的內容。

在中國搞統計，需要一點創造力

如果以為統計局是一個清水衙門，那就錯了。統計局就是負責給領導做出各種數據，在中國，這是個需要創造力的工作，同時也是個有高額業外收入以及高風險的工作。

二〇一六年初，中國中央統計局長王保安召開了一個記者會，公布中國GDP成長率創了二十五年新低。記者會結束之後，王保安隨即被收押。

統計局是一個清水衙門，難道也有貪腐問題？當外界撲朔迷離之際，四月底共產黨反腐監察機構的網站公布一份一萬四千字的冗長報告書，稱國家統計局的工作人員利用職務牟取私利，以「勞務費」為名目接受各級政府單位委託，提供統計數據和進行課題研究。這套說詞是否在掩蓋「數據造假」？這鍋蓋至今不准掀也不准碰。

中國的統計數據一直以來備受質疑。中華人民共和國開國之後採取計劃經濟，計劃依賴官方數據，若數據造假，計劃就不準。過去中國發展的低落與此脫不了干係。

數據造假在共產黨歷史久遠。一九五七年，社會主義老大哥蘇聯發射人類史上第一顆人造衛星，蘇聯大力宣傳社會主義的優越性表現，毛澤東既高興又焦慮，隔年啟動的大躍進就是急於展現社會主義的進步。各地官員為了達標，浮誇風盛行，競相虛報糧食產量，人民日報稱之為「放衛星」。得到人民日報的肯定之後，各地吹牛比賽一個勝過一個，營造「人有多大膽、地有多大產」的榮景。產能屢創新高，人民卻饑荒嚴重，與「共產主義是天堂，人民公社是橋梁」的宣傳落差甚大，十分反諷。

改革開放之後，各地經濟成長成為升遷的重要指標，經濟好的時候就少報，經濟差的時候就多報，報多報少全看領導人想要達成什麼目的。統計局就是負責給領導做出各種數據，仰望上級領導的喜好辦事。而局外人看中國經濟，只能霧裡看花，先看穿政治才能看到經濟。

政黨與政府這一隻看得見的手，讓統計數據需要造假，讓腐敗有尋租的空間，這其實比貪汙受賄的危害更嚴重。毛澤東說過：「沒有調查就沒有發言權。」「不做正確的調查同樣沒有發言權。」毛澤東更提出「懲前毖後，治病救人」以端正錯誤。

> **放衛星**
>
> 泛指浮誇不實的大話。
>
> 取自一九五七年十月四日，蘇聯成功發射第一顆人造衛星斯普特尼克一號的意象。典故源於一九五八年，中共各地在大躍進中，浮誇之風盛行，上報各種虛假資料，例如小麥超產等，故稱「小麥衛星」、「水稻衛星」、「烤菸衛星」、「包穀衛星」等，統稱「放衛星」。

雙規雙開

「雙規」，指「在規定的時間、規定的地點」接受調查向組織交代；「雙開」，指「開除黨籍、開除公職」。法源出自《中國共產黨紀律檢查機關案件檢查工作條例》，是中共對黨員的紀律處分。

鄧小平的「實事求是」或胡錦濤提出的「科學發展觀」都是要導正官僚欺下瞞上的不良風氣，但從毛鄧至胡習，仍一直陷入中共舊制度的困局。

蘇聯解體之後，到一九九八年風氣依舊，俄國政府逮捕國家統計委員會（State Committee for Statistics）中具領導地位的幾位統計學家，他們被控收賄製造數據幫公司逃稅。同樣的，在中國統計工作也是個需要創造力的工作，同時也是個有高額業外收入以及高風險的工作。

二〇〇九年中國就通過「統計違法違紀行為處份規定」，但國家統計局王保安局長被雙開，並沒有與統計造假有關。而是以涉嫌收賄被起訴，其弟王宏希（河南平頂山市湛和區區委書記）也因收賄被判刑。

官出數字、數字出官，怎麼煉成的？

二〇一七年中國人大政協兩會期間，習近平出席遼寧省人大代表團審議，罕見用重話對遼寧代表說，經濟數據造假，不僅影響對經濟形勢的判斷與決策，嚴重敗壞黨的思想路線與求真務實的工作作風，敗壞黨在人民群眾的形象，「此風不可長，必須堅決煞住」。其實習近平在一三年到遼寧考察時也曾做出類似批評：「有的領導幹部對上吹吹拍拍，曲意逢迎，說假話、假匯報、變假數據……」

二〇一七年初，遼寧省長做政府工作報告中，一五至一六年財政收入只成長百分之三．四，遠低於過去長期二成多的成長率，主因是過去的數字嚴重造假。在人大分組會議上，遼寧省委書記李希當習近平面前自爆，有一個鎮一年財政收入一百六十萬元（人民幣以下均同），最後報成二千九百萬元等虛報風氣。二〇一八開年就有幾個省份承認過去數字灌水，其中內蒙與遼寧是灌水最多。

民間嘲諷官場「官出數字、數字出官」十分傳神，更有一幅對聯是「上級壓下級，層層加碼，馬到成功；下級哄上級，層層摻水，水到渠成。」此外，一句有關升官的三個潛規則「年齡是個寶，政績不可少，靠山最重要，政績不夠，數據來湊。」遼寧是習近平上台以來打貪反腐重災區，省人大的賄選嚴重，省委書記王珉中箭落馬，最後換上習近平的親信李希出馬，更符合這三個潛規則。

中共建政以來，數據造假一直以來都如影隨形。一九五八年大躍進時期，虛報產量比比皆是。例如在河北徐水縣，上報一年收穫糧食十二億斤，毛澤東到當地視察時很高興地說，你們全縣只有三十一萬人口，怎麼能吃完那麼多糧食啊？要考慮怎麼吃糧食？當地官員回答：「農業社員們自己多吃，一天吃五頓飯也行。」其實老毛對這種浮誇風是充滿懷疑，他曾發表一篇〈關於社會主義商品生產問題〉，文中提倡實事求是，不要謊報。

中國從計劃經濟轉軌到市場經濟，過去，追求依照計劃的目標是否達標是官員升遷的指標之一；開革開放之後，中國國內生產總值（ＧＤＰ）或財政收入成為升官的新指標。假數據成風，最終只能歸咎中共的「整風」ＤＮＡ基因。

中共從延安時期發展「整風」，歷經革命時期、改革階段，至今整風運動不曾稍歇。過去政治鬥爭靠整風，後來改革拚經濟也是採取整風運動模式，甚至打貪反腐更是如此。上至黨、官僚系統，下至群眾路線，透過不斷整風，形成一窩蜂，誰落隊誰就被整，於是練就成「官出數字、數字出官」的文化。

其實二〇〇九年通過「統計違法違紀行為處份規定」，二〇一六年通過「統計法實施條例」，如今中共中央深改組第三十六次會議，通過「統計違紀違法責任人處分處理建議辦法」，主要是「統計問責」或稱王珉條款，杜絕王珉主政遼寧統計資料嚴重造假的。意外的，二〇一八年營業稅改增值稅，俗稱「營改增」，一半留地方，一半上繳中央，因此各省紛紛承認過去造假灌水。

戶口制是計劃經濟割不斷的尾巴

中國地方行政體制是市管縣，北京市二千多萬人口中有近三百萬的農村人口。二〇一六年九月十九日，北京推出取消農村戶口，一致成為北京市城市居民，而北京市是中國最後一個戶籍改革省市。實施五十年的戶籍制度，經過二十年多的討論，這一波改革能弭平二元社會的裂痕？平等權利能落實？

中國戶籍制度變革，在一九四九年之前就逐步建立，中共接管城市，立刻建立戶籍管制，了解階級關係，管控反革命份子，是以革命為前提。五二年土地改革，鬥地主分田地，沒有分到田地的農民紛紛湧進城市，到三反五反時期，百業蕭條失業率暴增，也爆發城鄉衝突。

史達林說過，要工業化必須犧牲農民的利益，中共學習蘇聯工業化模式，犧牲農業支持工業。一九五八年中國推出戶籍制度，區分農村戶口與非農村戶口；把農民固定在農村，讓他們動彈不得。當年成立人民公社，分到手的土地又被收回，名義上是公社集體所有，讓農民永遠在土地上種糧，累積內部資本，扶持工業化。從此農村人口禁止流入城市，戶籍制度變成長期對農民的掠奪。

一九六四年推出兩個嚴格限制，限制農村人口轉入城市、集鎮，限制集鎮人口轉入城市，一九七七年國務院更推禁止農轉非（農民轉非農民戶口）列為公安部內部管治的指標，加上憑戶口憑糧票制度，基本上中國社會人口流動是停止。

梁漱溟曾經批判，中共靠農民起家、靠農村為根據地，進城了，不照顧農民、城市不容他們，毛澤東立刻回批，這是孔孟之徒，小仁政，大仁政是工業化是大打敗美帝；中共是工農聯盟，這是不容分割的。毛過世十年之後，果然「農民工」這個新族群真的也不能和工業化分割，他們進了城鎮，也成了改革開放最重要的功臣。

一九八四年通過允許農村自備量在城市暫住，出現了農民工新族群。如今兩億農民工在城市居工作卻不能享有城市居民的權利，成為迫切需要改革的問題。

逐步取消農村戶口之際，農村戶口因「擁有」土地，身份反而水漲船高，農民工紛紛返鄉「護土地」。中國政府通過城鎮化，消滅農村戶口，讓農民上樓，變成城市人口，土地也順勢收歸國有，農村戶口成為新一波農民維權事件。

戶籍制度已不是單純戶籍管理制度，它涉及政治、經濟、社會、教育、醫療、福利，更重要是土地、財產私有化、與遷徙自由等，這才是根本問題。北京驅趕低端人口的背後問題就是戶籍制度。

人民只是國家計劃的一部分

台灣國民黨執政的八縣首長連袂進京，請求陸客至台灣承認「九二共識」的八個縣市旅遊，中國的旅行社立刻推出「專案」，看似荒唐可笑，但其實對中國連「人民」都是計劃的一部分有所體會，這種計劃旅遊根本不是問題。

一九四九年新中國成立是嚴格禁止人工結紮與流產，逾三年中國人口突破六億，五六年首次出現「計劃生育」提倡避孕節孕。隔年北大校長馬寅初提出「新人口論」預測中國五十年後人口突破十六億。馬寅初指出，農村人口多，不願意機械化，就不會提高生產率，其次人口多消費多，就不用於投資，中國是社會主義是計劃經濟，不把人口列入計劃之內，不能控制人口，不能計劃生育，就不是計劃經濟，也就不是社會主義，引發毛澤東的重視與認同。

一九五八年進入大躍進時期，人民公社，政治氛圍改變，毛澤東的想法也變了。加上中蘇決裂，中共發動批判蘇共修正主義運動，準備再發動一次世界大戰。這時人多好辦事，革命加上鼓足幹勁，人有多大膽，地有多大

一胎化

中共透過計劃生育的人口控制政策，屬於中國基本國策。根據國際法，計劃生育必須以自願為前提，保障生育權，目前世界上只有中國實行限制性計劃生育政策。二〇一五年以前，中共的計劃生育為「一胎化」為主，實行長達三十五年之久；自二〇一五年十月，中共十八屆五中全會才宣布全面二胎。

產，用此口號解決人口與糧食關係，馬寅初於是成為被批判鬥的對象。

三年大饑荒，糧食短缺嚴重，加上人口暴增，中共開始思考節孕問題，推出「晚、希、少」政策：晚婚，隔三年才可再生，一對夫妻不超過兩個小孩。一九七〇年代是戰後嬰兒潮的適婚期，就業壓力更大，直到一九八二年中共十二大正式把計劃生育列入中國基本國策，並寫入憲法，開始一胎化的強制推動，各種標語紛紛出爐，如「一人超生，全村結紮」，「寧可血流成河，不准超生一人」、「寧添十座墳、不添一人」……各種光怪陸離的事件層出不窮，也嚴重扭曲社會關係與結構。

雖然改革開放，但計劃生育卻更緊緊掌控，經過三十年的一胎化運動，中國老齡化、性別失衡十分嚴重。目前雖然放開「二孩」非二胎，但計劃生育依然是中國計劃的一部分，更是不容改變的基本國策，國家批准你生才能生。

連生育的自由都是國家決定，更何況旅遊。雖然中國富起來，出國旅遊人數更多，但申報護照或簽證過程中，審批制度加上戶籍制度成為管控的手段。而來台旅遊除了限制開放省市以外，還要台辦批准，兩岸旅行社的選擇也是中國決定，更不論路線、景點、哪個縣市能不能過夜。

讓中國人民更多自由的選擇，讓改革更多開放，而人民不是國家計劃的一部分，恢復人民選擇的基本權利，而非計劃管控。

習近平任內將為中國孵出首部民法

中國從一九五四年開始起草《民法》，至今逾半世紀尚無一部完整《民法》，根本原因是計劃經濟體制依靠行政力量，因此不需要民法。如今習近平卻為《民法》立法跨出第一大步。

台灣的同婚議題聚焦民法修改的議題，法務部長邱太三說，我國《民法》訂於一九三〇年，若要說它沒有規定到同性婚姻而違憲，就如同「拿清朝的劍去斬明朝的官」。當台灣為了同婚是否修《民法》吵得不可開交時，中國卻至今尚未制定完整的《民法》。

二〇一七年中國人大雖然通過《民法總則》，預計十月實施，但要到二〇二〇年才能完成一部完整的《民法》。不過這是一個重要信號，宣示中國以公有制為主、市場為補充的「社會主義市場經濟」，將在習近平第二任內走到以市場經濟為主。畢竟《民法》的原則是當事人自主原則、契約自由原則。

一九四九年中華人民共和國成立後著手立新法，五四年全國人大以一九二二年蘇聯《民法》為藍本起草《民法》，五六年雖完成草案，但因發動整風、反右運動，因此立法被迫中斷。

經過三年困難期，六二年再度起草《民法》。當時中蘇反目成仇，所以企圖擺脫蘇聯《民法》藍本，但又需不同於資本主義國家，要體現計劃經濟與社會主義思想。直到六四年才正式提出草案，隨即又遭遇四清運動，立法再一次中斷。

一九七九年十一屆三中全會後，全國人大常委會再度起草《民法》，雖在八二年提出草案，但因中國改革開放，經濟體制轉軌還在摸石頭過河，社會不斷發生各種新情況與問題，轉型中錯綜複雜，《民法》草案無法跟上社會的變動，因此停止立法。

看似因政治因素導致《民法》立法停止，本質卻是計劃經濟體制是依靠行政權力與行政手段，因此不需要《民法》。據中國社科院學部委員梁慧星指出，七九年全國人大常委會法制委員會副主任陶希晉建議不制定《民法》的理由為，中國改革開放要靠經濟法而非民法。他還說，陶希晉視民法為資產階級的舊法，這一點才是中國一直沒有《民法》最核心的想法。

體制上雖說調和社會主義與市場經濟，但立法上是矛盾與漏洞百出。例如從《憲法》、《物權法》到《民法通則》，都規定土地不得買賣出租、抵押或以其他形式非法轉讓，這與當今中國社會現實脫節。

一九六三年毛澤東曾說，社會主義的法律是新的工作，至今中國還沒有社會主義民法、社會主義刑法，「原因是需要累積經驗。」如今改革開放三十多年，累積相當經驗，也積累相當多問題，雖然這次立法名義是「完善社會主義市場經濟」，習近平這一步明顯是要大步邁入市場經濟──雖然只是起步。

牆拆了後，中國夢要塗在哪？

中央下令拆除住宅社區圍牆以紓解交通，接著溫州出現住宅用地使用年限到期問題，直觀是政策的問題，但都涉及中共統治的核心意識形態。在姓資與姓社間當騎牆派的中共，如今拆自己的牆、會砸自己的腳。

二〇一六年初中國國務院頒布的《關於進一步加強城市規劃建設管理工作的若干意見》指出，要解決交通堵塞問題，打通城市微血管，準備拆除住宅社區與機關單位的圍牆。命令引發中國社會議論紛紛，反對者提出《物權法》反駁，認為社區的圍牆是屬於私人財產，政府無權強拆。

拆牆事件還沒落幕，溫州出現二十年住宅用地使用年限到期問題，依照規定自動續期，卻出現無法可依、無章可循的窘境，地方偏向採取收費再續期，引發眾論，驚動中央派員瞭解。兩件事看似無相關，但本質涉及共產黨統治最核心的意識形態。

從一九八九年天安門事件之後，老左派認為是清算改革開放的機會來了，一九九〇年擔任中宣部長王忍之發表〈關於反對資產階級自由化〉，掀起姓「資」姓「社」的爭論。

鄧小平南巡

又稱「九二南巡」，指一九九二年一月十八日至二月二十一日，鄧小平至深圳、珠海、廣州、上海等地巡視並發表講話，重申主張改革開放的鄧小平理論，並期許廣東的經濟發展能在二十年內追上亞洲四小龍。

直至一九九二年初，鄧小平南巡提出，市場經濟不等於資本主義，計劃經濟不等於社會主義。當年中共十四大更宣布，中國經濟體制改革是「社會主義市場經濟體制」，逐漸讓姓「資」姓「社」爭論沉澱，中國確定走向市場經濟。

但是作為市場經濟基礎的民法，在一九八六年只通過《民法通則》，一九九八年才開始起草整部民法，至於修關私有財產的《物權法》，一九九九年才開始草擬，二〇〇七年才通過，預計二〇二〇年才會完成一部完整的民法。

主張私有財產權的人，引用十八世紀英國首相皮特（William Pitt）的話形容財產權的神聖不可侵犯：即風可進、雨可進，但即使是國王沒有主人允許也不能進。他們認為《物權法》通過，中國人也能和英國人一樣有了人權，加上李克強在國務院會議上信誓旦旦《物權法》要保障小老百姓身家財產，但拆房子的事件依然層出不窮，如今那道有形的牆也面臨被拆的命運。

藉由這個議題挑起保守派、改革派之間的矛盾，對當權者是一大挑戰。

中國其實早就不姓社了，所以牽涉到小老百姓的《物權法》只是表面上很重要，但土地國有不可能私有化，這是共產黨的底線，所以不論是未來二十年、四十年、七十年到期，只要再展延就好，這是共產黨的算盤。

北京城牆好拆，但無形的心牆難拆，左傾基本教條的框框，才是圍起北京政治中心的心牆，牆拆了之後，中國夢的標語要塗在哪？北京城牆還沒有拆，先拆北京城的大招牌，尤其是大廈、天際線的看板。

政治堵住了北京的交通

北京堵車問題日趨嚴重，各種嚴厲管制措施也沒有什麼效果，其實，北京的堵車是政治問題。北京城並沒有因為新中國建立、拆掉城牆而去中心化，反而更強化了「中心化」概念。

北京有寬廣筆直的馬路與四通八達的地鐵，還有三環、四環、五環，一圈一圈不斷外擴的快速道路。不過北京的交通依舊堵車不通，堵車問題日趨嚴重，各種嚴厲管制措施也沒有什麼效果。

其實，這一切的問題都源自於「中心化」觀念。一九四九年新中國成立，定都北京，隨即就將北京舊城牆拆了，當時拆城牆的理由是：城牆圈住了北京的交通。中國在改革開放之後，又在北京建了三、四、五、六環等環狀道路，表面上是改善交通的重要建設，但由於這些快速道路多是半平面道路，不像世界其他城市的市內快速道路都是採高架或是地下化。於是，北京市的交通又被圈住了，而且以前只有一圈城牆，現在卻有好幾圈外環路，兩者都是造成北京內外不通的禍首。

現在的北京人約見面，往往會說：「我們在某某橋見面吧。」北京市區內明明沒有河流，為什麼會約在橋的附近見面呢？其實這些橋就是用來跨越環狀快速道路的陸橋。

管制是北京處理堵車的唯一手段，如車牌需要用搖號，每天限制車牌數碼的尾數上路，準備祭出進城收費的措施，甚至遷都或與北京市分離政治動作也做，但所有政策都治標不治本。北京城環圈中心化已經數百年，並沒有因為新中國建立而去中心化，反而更強化了中心化的概念。

北京的堵車是政治問題，中共建政之初討論北京城牆拆除問題，主張保留者有梁啟超之子梁思成與當年教育部長張奚若。張奚若把拆牆派歸納出「好大喜功、急功近利、鄙視既往、迷信將來」四大迷思；毛澤東則回批：「好大喜功，看什麼大？什麼功？」

毛澤東在一九五八年南寧會議說，中國的大革命、大合作社和大整風「都是大，都是功」，最後毛澤東定調：「古董不可不好，也不可太好，北京拆牌樓，城門打洞，也哭鼻子。這是政治問題。」

毛澤東拆了舊城牆，但共產黨的繼承人，卻換成環圈道路取代舊城牆，環狀的「橋」就是以前城牆的「門」，原來只有一圈城牆，現在有三、四、五、六環甚至未來增加七環、八環，更層層緊框住中國北京政治中心。

在習近平的命令下，二〇一五年已決定將首都市政機關移往通州區（原稱通縣），北京市政府也訂遷移時間表，將於二〇一七年分批入駐。更爆炸性宣布「雄安特區」為副都心或分散國企總部，但是有什麼用呢？中南海、人民大會堂、國務院……這些權力標誌仍然牢牢釘在北京城中心，交通只是共產黨專政制度無解問題的其中之一而已。

雄安是習近平新區也是舊夢

習仲勛當年最早推動深圳經濟特區的發展，如今兒子習近平推出雄安新區。這個計劃包含著習近平早年的夢想，這個主張既是在尋找經濟發展的動力，更有政治現實問題考量。

二〇一七年四月一日愚人節，中共中央與國務院丟出震撼彈，決定設立河北省雄安新區，新聞稿字數不多，雖然簡單，但凸顯三大重點：第一，以習近平為核心的黨中央做出的重大歷史戰略選擇；第二，繼深圳經濟特區和上海浦東新區之後又具有全國意義的新區；第三，重中之重，被稱為「千年大計、國家大事」。

之後各方解讀不斷湧出，圍繞在「千年大計、國家大事」字上斟酌與說文解字，從經濟層面的效應到政治上作為首都副都心，也有人預測國企未來都會遷至此。事前沒有半點風聲，事後尚未見藍圖與規畫，但中共中央已經採取一系列計劃手段，全面凍結雄安地區的房地產買賣，並禁止新設公司、禁止離婚或復合等等管制措施。

一九八二年習近平出任河北當縣官，當年中央就提出雙首都圈口號，是

十二五計劃

即「中華人民共和國國民經濟和社會發展第十二個五年規劃綱要」，意指中國從二〇一一年到二〇一五年發展國民經濟的計劃。由二〇一〇年十月中共第十七屆五中全會審議制定，以大力培育及發展戰略性新興產業為重點，希望加快經濟結構調整與促進產業轉型。

以北京為核心由兩層圈所組成，如今北京都已經外擴七環，但河北依舊是河北。一九九四年繼珠三角和長三角之後，再提「環渤海經濟圈」計劃，二〇一一年「十二五計劃」也提過京津冀一體化計劃，但只是計劃而已，重心還是沒有離開過北京天津。

一九七八年底習近平的父親習仲勛升任廣東省委第一書記，當時緊鄰的香港與廣東兩地發展落差甚大，引發大批逃港潮。隔年習仲勳向中央提議，允許廣東實行特殊性政策，靈活措施，吸引出口導向的外資。鄧小平完全支持此政策，並以抗戰時期中共占領區陝甘寧為例，對習仲勛說：「還是叫特區好，陝甘寧開始就是叫特區嘛！中央沒有錢，可以給些政策，你們自己去搞，殺出一條血路。」從此開啟深圳經濟特區發展之路。

習仲勛推動深圳特區過程，應該讓一九八〇年代初曾在離北京不遠的河北石家莊安定縣擔任書記的習近平感受深刻，當他掌理這個首都旁的農村時，或許已種下爭取政策、成立特區的夢與苗。

在八九年六四之後，改革開放出現姓資與姓社的爭論。當時上海領導積極爭取開發浦東區，正待北京批准許可，支持此計劃的鄧小平為爭取能壓倒穩健派的政治力量，發動輿論戰，並當面告知江澤民、李鵬浦東新區不只是經濟問題，更是政治問題。

十九大對習近平五年執政政績定調，習近平打貪反腐除弊有餘，但興利卻不足，加上經濟環境惡化等雪上加霜。而雄安新區一方面透露出習近平早年的夢想，舉全國資源投入雄安特區，這個主張既是在尋找經濟發展的新動力與火車頭，更有政治現實考量。

北京用政治手段處理霧霾

北京是中國的首都更是首善之區，沒有風的北京是霧霾之都，盼風吹來，吹走霧霾，卻帶來沙塵暴的襲擊。北京常住往來人口只微幅增加百分之○．五，「逃離北京」不再是口號，除了居不易以外，霧霾影響首當其衝。

二○一五年兩會的前夕，前央視主播柴靜號稱「自費」拍攝了紀錄片《穹頂之下》，她說，她想回答三個問題：什麼是霧霾？它從哪裡來？中國該怎麼辦？短短幾天在網路上的點閱率突破兩億。一週之後，中國政府全面禁播這部紀錄片，引發的政治效應卻持續發酵中，甚至更多陰謀論出爐，沒有任何團體支持，柴靜可以單獨訪問高階官員，甚至官員對鏡頭承認錯誤，這與中國官場文化有嚴重落差，隨事件塵埃落定，視霧霾為北京生活的常態。

雖然北京對霧霾幾乎束手無策，但必要時，也會出現奧運藍、APEC藍、兩會藍，營造人民認為共產黨是有能力戰勝霧霾，但為何藍天只會出現在政治活動時期？如何釜底抽薪？最後把「它」歸於大自然。北京準備將霧霾列為自然氣象災害，北京市人大常委會審議的《北京市氣象災害防治條例

（草案）》中，首次把「霾」列入氣象災害範疇內。根據草案，北京遇到霧霾災害時可實行臨時交通管制，此外，還包括調整或暫停大型活動，錯開上下班時間，關閉公園以及停工停課和限制生產經營單位用水和用氣等其他應急措施。草案中還提到，政府開放辦公樓、體育場館、學校、商場、賓館、飯店等場所用於應急避險。

這都是治標不是治本，甚至把「人禍」所造成霧霾，歸咎給老天爺，至少降低人為政治責任。這招也不是首創，在一九五九年至一九六一年期間，中國發生全國性的糧食短缺和大饑荒，死亡人數至今眾說紛紜，但官方後來定調三年是「自然災害」，就是嫁禍給大自然，但一九八〇年之後改稱三年困難時期，當然這是一種委婉的說法，不過，把人禍轉嫁給大自然，是政治上最廉價處理方式。

當然與毛澤東提出「人定勝天」的思想有關，等於是毛澤東對大自然的宣戰，毛澤東說：「與天鬥，其樂無窮、與地鬥，其樂無窮、與人鬥，其樂無窮。」所以從大躍進開始，中國的環境就開始轉壞，鄧小平的改革開放只是加速惡化而已，如今只重視GDP經濟成長，非與自然共存。

其實我比較好奇柴靜《穹頂之下》這名字的由來，是Stephen King早年的小說，二〇一四年美國熱播的電視劇Under the Dome，講的是外星人用一個大光罩把一群居民關在城裏的故事。柴靜在演講開頭提了一下，馬上就進入主題，上層授意或者默許柴靜報導霧霾，旨在打擊異己，並不想解決問題。諷刺的是，北京這個法案的通過，就和這電視劇劇情一樣，外星人（共產黨）只讓罩子裡面的生物自生自滅，並不想解決真正的霧霾問題。

中共對新社會階級是統還是戰？

中國共產黨二〇一六年七月一日歡度九十五週年，同時中共中央統戰部成立第八局，全名為「新的社會階層人士工作局」，統戰部透過八局的工作，主要針對這四類人（私營企業和外資企業的管理技術人員、中介組織和社會組織從業人員、自由職業人員和新媒體從業人員）為「統戰」新的對象。（第八局局名之所以稱「階層」，是因為中國改革開放近四十年，社會階級層次豐富，傳統對「階級」已有特定印象，所以用詞改稱「階層」。）

統一戰線，是中國共產黨革命三大法寶之一（統一戰線、武裝鬥爭、黨的建設），其核心，就是聯合次要敵人，打擊主要敵人的原則，為了研判形勢，需要分析敵我勢力消長，洞悉各方力量分佈與態度，這是統戰的基本原則。

毛澤東從革命到執政，堅持階級鬥爭為綱的路線，社會階層劃分非常清楚，所有政治運動，都是明確宣示黨的階級路線。階級出身論成為中共革命的傳統，並在全國廣大人群中進行敵、我、友的區分，通過組織「階

三大法寶

毛澤東於一九三九年撰寫《共產黨人》雜誌的發刊詞中，提到「**統一戰線**、**武裝鬥爭**、**黨的建設**」為「三大法寶」。其中，「統一戰線」簡稱「統戰」，其思想源於列寧，核心精神在於政治競爭中要判斷敵我勢力消長，掌握「聯合次要敵人，打擊主要敵人」的原則。

三個代表

二〇〇〇年二月，由中共中央總書記江澤民提出的政治理論，二〇〇二年由中共官方正式定名為「三個代表」，其內容為：

要始終代表中國先進社會生產力的發展要求；

要始終代表中國先進文化的前進方向；

要始終代表中國最廣大人民的根本利益。

級隊伍」，重建中國社會的各階層。

直到鄧小平上台之後，主張讓一部份人富起來，全面否定了毛澤東時期「階級、階級敵人、和黨內走資派」分法。江澤民於二〇〇〇年提出「三個代表」，本質上是要改變中共無產階級政黨的性質，讓資本家也能入中國共產黨。胡錦濤更在二〇〇六年中共統一戰線頒布文件，強調和諧社會和小康社會，將目標放在新社會階層。

隨改革開放，打破階級出身論，階層流動加快，少了過去階級鬥爭的政治運動，卻增加階層統戰的手段。但對新階級的統戰在理論和實踐上根本荒謬可笑，統一戰線指的是民族國家的統一，所以內部才有對台、對港澳、對新疆西藏的小組，現在要成立新部門來統戰新階級，顯示中國社會階級分化、貧富對立問題之嚴重，已經到了積重難返的程度。

習近平上台之後，發生在二〇一五年中國七一〇維權律師大抓捕事件，雖然李和平獲得釋放，但還有維權律師高智晟、高瑜一一被捕或下落不明，是中共與新社會階級公然為敵的訊號，事隔一年中國準備對這些律師進行「統戰」。中共繼承者，承襲統戰的血脈，中共提統戰，「統」只是手段，是為了「戰」而勝之，卻忘記毛澤東曾經說過，政治就是把自己的朋友弄得多多的，把敵人的朋友搞得少少的。

習近平沒有選擇新的道路「開放政體」廣納社會各階級的聲音，卻走過去老路，只能用這種「體制內」的手段來統戰自己人，其效果與結局可想而知。

戴立忍知道海瑞罷官的命運嗎？

台灣演員戴立忍主演、趙薇導演的電影《沒有別的愛》殺青之後，劇組因「政治因素」聲明撤換戴立忍，隨即戴立忍發表三千字聲明稱：「我從來不是台獨分子，也從未提倡台獨。」

戴立忍發表三千字自我批評，讓國人感到突兀。其實，「自我批評」在中共歷史中是稀鬆平常且一再重演的政治文化之一，而且被點名需要自我批評者，背後都有一個被定性的團體。

從二〇一六台灣大選前夕周子瑜公開道歉、香港銅鑼灣書店等人、日本影星水原希子道歉，以及戴立忍的自我批評，讓國人感到突兀與驚訝甚至粗暴。

中共創黨階段，批評和自我批評是中共黨內部組織生活的一部分，自我批評內容都被記載下來，直到一九四〇年代，演變成毛澤東發動「延安整風」的整人材料，也成為犯罪或違反黨紀的證據。一九四九年之後的新中國，毛澤東更提倡批評和自我批評，揭發領導方面的官僚主義，加強思想與政治領導。

後來人人都不敢誠實地「批評和自我批評」。就像學者丁學良說的，如果不「批評和自我批評」是錯誤的，但非常認真地「批評和自我批評」錯誤更嚴重，因為「上司或同事會把這些材料留下來，到時候找機會報復你。」

中共的「批評和自我批評」有幾點特色，首先被點名需要自我批評者，背後都有一個被定性的團體，如五大右派之一的章伯鈞，背後就是「民主黨派」。

一九四九年之後出任全國政協常委、政務委員、交通部長、中國民主同盟副主席等，五七年在大鳴大放運動中被定調成為中國頭號資產階級「右派分子」，章伯鈞不斷提交自我批評，但一直無法過關，無法摘掉右派帽子，其女兒章詒和持續寫書，為父執輩等人不平之鳴，至今尚無法被平反。

其二，被批評者都是政治需要，一九五九年時任北京市副市長吳晗，在毛澤東號召下，學習明朝海瑞直言敢諫精神寫成一齣京劇《海瑞罷官》，受到廣大群眾歡迎，毛澤東便贈與親筆簽名《毛澤東選集》給吳晗以示肯定。

但到六五年姚文元在上海文匯報發表〈評新編歷史劇《海瑞罷官》〉，

民主黨派

第二次國共內戰時期，中國境內除了國民黨和共產黨外，其他活躍的各種中間政黨，例如中國民主同盟（民盟）、中國民主建國會、中國民主促進會、中國農工民主黨、九三學社等。

彭德懷事件

彭德懷（一八九八年至一九七四年），中共開國元勳，曾任解放軍將領、中華人民共和國元帥。然於一九五九年廬山會議上致函中共中央主席毛澤東，批評大躍進的問題和弊病，稱作「彭德懷事件」，因此彭被打擊為「彭、黃、張、周反黨集團」之首，撤銷國防部長等職務，文革爆發後遭到殘酷迫害，含恨辭世。

斥責《海瑞罷官》為反黨反社會主義的大毒草，並指它影射「彭德懷事件」，此劇被定性提高到政治鬥爭的高度，也揭開了文化大革命的序幕，吳晗最後也在文革中遭批鬥而死。

吳晗是史學家又是北京市副市長，自以為政治路線正確，但政治氛圍丕變而成為被迫害者。如今戴立忍只是池魚之殃，被迫表態修理自己，關鍵不在於是誰，關鍵在於「只有黨的愛」與不能不愛中國，除此之外，「沒有別的愛」。

只能看或不看 但不能有看法

中國《人民日報》非常罕見高分貝點名批判豆瓣、貓眼（中國電影評分網站）汙衊國產電影，惡意給新上映《長城》、《擺渡人》和《鐵道飛虎》評價差，是嚴重破壞中國電影的生態環境。不料卻意外引發網友用「腳」評價，不進電影院觀賞，讓票房急速冷凍，人民不支持《人民日報》，力挺豆瓣與貓眼網站。

早在新中國成立之初，有一部以清朝光緒年間為背景的電影《武訓傳》，內容是武訓行乞興學的故事，上映之初取得媒體與觀眾廣大好評。不料一九五一年五月二十日，毛澤東親自在《人民日報》發表了社論〈應該重視武訓傳的討論〉，嚴厲批判這部影片，毛認為影片否定農民起義，是反黨的毒草，是汙衊中國歷史、中國民族的反動宣傳。此文引發高度政治效應，並將這部電影列為中國第一部禁片。直到改革開放之後，八三年萬里、胡喬木表態稱過去對《武訓傳》的評價有失公允，才讓該片有平反的機會。

一九五九年四月上海會議，毛澤東對幹部不敢講真話的作風，提出嚴厲的批判，毛提出要宣傳明朝官員海瑞剛正不阿的精神。毛澤東找幾個歷史學

民主生活會

中共的一種內部會議，在各級黨組織之間互相交流，透過自我批評的形式，實現黨內民主。一九九〇年起，中共中央要求縣以上黨組織必須認真進行。

家研究一下，最後由北京市副市長、明史研究專家吳晗受命寫下《海瑞罷官》劇本，並在隔年年底以京劇上演。不料五九年八月廬山會議毛澤東對彭德懷的鬥爭，埋下日後批判吳晗的種子。到了六五年，江青透過姚文元執筆寫了〈評新編歷史劇海瑞罷官〉宣判海瑞罷官借古諷今，幫彭德懷翻案，影射現實的大毒草，毛澤東同意並極大重視這篇文章，認為彭德懷與海瑞皆是不為社會主義所接受。

過去是高舉反封建、反修正主義，如今則是「看齊意識」當道——向黨中央看齊——容不下批評主旋律的聲音。弔詭的是二〇一六年最後一場中共政治局會議，進行了一場「民主生活會」，政治局成員之間「深刻開展批判與自我批評」。對此，時事網路上立刻有段子回應：「外國人批評你，是干涉中國內政；民眾批評你是尋釁滋事；黨員批評你是妄議中央；官員批評你是拉幫結派——那深刻開展批評與自我批評怎麼玩？」

中國電影審查制度下，你只能選擇看或不看，卻不能有看法。並非評價網站的評分，而是這隻扼殺創作自由的手在破壞電影的生態環境。若只追求政治正確，卻無法獲得市場肯定，最後只能淪為政治宣傳片而已。

中國網民開玩笑用高級黑說法說，給電影幾顆星？中國國旗已經定調，但人民買不買單才最重要。

強國下的弱民

二〇一六年中秋節前夕，中國網路上有一篇〈盛世的螻蟻〉被瘋狂轉傳，引發評議與感慨。起因是甘肅農村婦女楊改蘭在八月底用斧頭將自己四個年幼子女砍殺之後，自己服毒自殺，在外打工的丈夫趕回辦完喪事之後，自己也服毒自殺，這起故意殺人自殺事件，震驚了中國各階層。

「盛世下的螻蟻」背後，凸顯了農民工進城打工的階級問題，過去因為一胎化政策（現在開放二孩），這四個小孩都沒有報戶口，加上低收入（低保）是採取群眾評議方式，楊改蘭一家在群眾評議中沒有通過。社會主義共產主義是中共的核心，但最基本的社會救助網，卻是中國最脆弱的一環。

高舉社會主義大旗的中國共產黨，在改革開放後三十多年，交出傲人成績讓中國GDP世界第二，消滅貧窮數量更是史無前例，但無論何種標準計算貧窮線，中國至少七千萬至二億人口處於貧窮線下，成為世襲甚至世代化，也看不到未來與希望的一個群體。

社會主義中國提供社會福利或服務的並非國家本身，而是由工作單位提供，如人民公社，因此工作單位也自成一個小國家或社會，從生出到墳墓都由工作單位一手包辦，毛澤東達到公平社會但卻是一窮二白的社會主義，也是很多老左派所懷念的時代。

鄧小平復出掌權之後，想走毛澤東不同的道路，但又不能全面推翻，所以不能完全否定毛澤東，鄧小平言行既反左也反右，既反毛又擁毛，打著左轉燈卻不斷向右轉。從跑步進共產主義拉回「停在」社會主義初級階段，但社會主義制度卻全面崩潰，約束人民的制度一樣也不沒鬆綁。中共十三大通過「社會主義初級階段」理論，大會報告稱，中國人必須堅持而不能離開社會主義，中國社會主義處於初級階段，故必須正視而不能超越這個階段。

馬克思、恩格斯都相信，隨共產主義的發展，階級消失了、國家也萎縮逝去；剝削也消失、甚至市場、貨幣和做為社會控制的法律與倫理都不存在。但中國高舉社會主義大旗，目前階級二級化，國家權力更大、剝削更加嚴重，市場雖回來但扭曲了，法律還在黨的手中，唯一確定是倫理確實不存。

改革開放了，卻是犧牲農民、農村、農業等三農換來的。該回來回不來，該消失卻尾大不掉，戶籍制度不改革，國家級的社會福利網不張開。楊改蘭事件不會是個案，左派批判了這個事件，右派也批評，意外成為左右派的共識。

一個中國年輕人之死

五一勞動節是勞工專屬的節日，毛澤東時代，勞工的政治地位與政治榮譽是非常崇高，工人階級是老大哥、是領導階級，但二〇一六年五一勞動節，驚動全中國是「青年魏則西之死」事件。

魏則西是西安電子科技大學電腦系學生，兩年前患上罕見疾病滑膜肉瘤，他透過百度搜索尋醫，選擇了百度排名前列的武警北京總隊第二醫院，結果耗費大筆醫藥費後，不治身亡，背後涉及百度廣告、軍醫院承包制交織出營利之上的草菅人命。死前魏則西錄影「我還有夢想、還想看看這個世界」，此事件曝光之後，引發網民在網路上沸沸揚揚，更是對百度的撻伐。

魏則西事件，背後有結構性問題，彼此牽連甚廣，曝露出，中國由公有制轉為「社會主義市場經濟」的矛盾，改革開放前所有機構與單位都是公有，所有經濟都是計劃生產與銷售。日前習近平走訪安徽省小崗村，就是在中國改革尚未啟動，被飢餓逼迫下的小崗村十八戶農民按下紅手印生死狀，將村內的田給分了，最後催生出家庭聯產承包制，啟動改革開放後，承包制成為市場化的一個手段。

小崗村的改革

小崗村，位於中國安徽省。一九七八年，十八位農民冒著坐牢風險，簽下土地承包責任書，率先實行農村「大包幹」，開啟中國改革開放、農村變富的序幕。

當然醫院承包制也是改革開放的一個環節，雖然西元二〇〇〇年之後衛生部已禁止醫院不能「承包」，但沒有規範軍醫院和武警醫院，所以多數軍醫院和武警醫院持續承包出去或個別科室委外經營，巧合的是承包的這些醫院都是來自莆田，更被中國網民稱謂「莆田系」。在文化大革命期間，趁醫療資源短缺，有一批來自莆田的赤腳醫生，透過走村串戶靠賣假藥騙錢致富，幾乎都沒有受過醫療教育，銷售自製藥丸，成為最早致富的一群。目前全中國民營醫院一萬一千家，莆田系民營醫院就有八千家，加上承包公營醫院，中國的醫院幾乎全被莆田系所壟斷。

承包醫院繳交固定費用，承包者自負盈虧，這一批莆田系「赤腳醫生」出身的金主，懂得透過電視廣告及網路廣告購買百度的搜尋排名，健康醫療在百度收入中比率已經高達百分之三十五，在二〇一三年百度全年廣告總量高達人民幣兩百六十億，其中莆田系醫院就超過一百二十億人民幣。有軍醫院或武警醫院的官方名稱醫院外衣的加持，加上百度搜尋優先推薦的保障，成為他們成功的經營模式。

掛著「人民」醫院不是人民的，被視為改革開放的功臣「承包制」，成為鑽漏洞的鑰匙，這就是「具有中國特色」。魏則西事件，凸顯中國特色的荒謬，不滿的民意也只敢要求懲罰百度，這一切都是表象，深層是中國三無所造成荒誕，無法律規範、無道德底線、更無信仰力量。

馬雲的「圈子」碰到老共的釘子

中國自稱的「新四大發明」為高鐵、支付寶、共享單車和網購，而中國手機ＡＰＰ必載的ＢＡＴ指的是百度（Baidu）、阿里巴巴（Alibaba）、騰訊（Tencent）三大公司的應用軟體。二〇一六年底阿里巴巴的支付寶，推出新的社群名字叫「圈子」，推出立刻轟動網民，但不到七天，圈子公司公開道歉並立刻關閉。

「圈子」是支付寶新的社交功能，推出校園日記、白領日記二款，限女性用戶可以發布內容、評論、打賞、按讚，而男性需要芝麻信用七百五十分以上的用戶，才能評論、打賞、按讚，但不能發文。支付寶根據芝麻信用評比，把四．五億用戶區分五種等分，七百五十分是屬於最高級。這是二〇一五年中國人民銀行公布允許八家機構，可以對個人徵信業務進行的評估分數，包括用戶信用歷史、行為偏好、履約能力、身分特質、人脈互動等，透過網路大數據綜合評估。利用支付寶頻率越高，芝麻信用分數就愈高。

這個被認為是一種創新的社交網站，不到兩天就引發爭議。因為網站的特色與限制，女性相片發文走在色情邊緣，賺取男性的打賞，更被網民取

「支付鴇」嘲諷。意外引發中國中央電視台大動作批評，央視稱，「圈子」要有底線意識，別學百度。瞬間把創新的「圈子」由商業行為升高到政治的意識形態，「圈子」的遊戲規則其實反映著一種階級畫分。

階級鬥爭是共產黨的核心價值，毛澤東在一九五七年八屆三中全會提出無產階級和資產階級的矛盾，社會主義與資本主義的矛盾；六二年八屆十中全會，指出中國社會就是存在階級鬥爭；隔年年更總結社會主義的運動經驗，稱「階級鬥爭、一抓就靈」。直到鄧小平上台之後，十一屆三中全會否定階級鬥爭，提出讓一部分人、一部分地區先富起來，階級間才有了拉開的空間。

第三屆世界互聯網大會剛剛在浙江烏鎮舉行，習近平、劉雲山分別發表演講，中國對於全球網路治理的基本理念，堅持網路主權，呼籲攜手建構網路空間命運共同體等，中共更希望藉由移動網際網路打破中國階級界線。

事實發展卻不然，反而網路築起的階級高牆更高，網路的經濟階級更加明顯，甚至連三大網路服務公司，更是藉由階級區分服務客群，更再細分市場，推出為特定階級服務的市場區隔。一樣的中國共產黨統治，本質階級鬥爭那一條紅線是不容許跨越，甚至連馬雲也不被允許。

共產黨還是沒能解放農民

觀察中國政治，文件是非常重要的一環，因為決策的制定與政策的落實都是靠文件來推動。其中重中之重當然是中央所發的紅頭文件，而每年中共中央第一號紅頭文件，成為當年重要政策的訊號。連續十四年第一號紅頭文件都是針對三農（農業、農村與農民）問題，表示中共對農民的關懷。

二〇一七年中央一號文件，只是把中共十八大以來，總書記習近平在各場合就三農問題發表的重要講話彙整，有如歷來三農問題的「複製、貼上」，其中亮點是首度在農業領域提出供給側改革。

二〇〇一年「三農問題」一詞正式寫入中共文件，至今三農問題依舊原地踏步，甚至更加惡化，幾乎無解，這也代表過去中共中央每年的一號文件重要性逐漸遞減。

中共靠農民革命、透過農村包圍城市，成功取得政權。建政之後立刻藉由階級鬥爭，把土地分給農民，進行土地改革。到一九五三年開始實施土地集體所有，推動農業合作化運動。五八年提出人民公社，並實施嚴格的戶籍制度，把農民綁在農村土地上，動彈不得。六二年更把生產資料分別歸公

第一號紅頭文件

中共發布的各種政策性文件、決定、意見等，由於上方的標題為紅色，或蓋有紅色印章，故俗稱「紅頭文件」。「第一號」則特指第一則發出的文件。

社、生產大隊和生產隊三級所有，但還可以保留少量自留地和經營家庭副業。到了文革，則進一步不容許市集、自留地與家庭副業。

一九七八年底，安徽省小崗村的農民窮到偷偷簽下生死契約，私下分田到戶，拉開中國農村改革的序幕，承包制、大包幹陸續出爐。改革開放讓農村釋放出剩餘勞動力，形成新的「農民工」階層，進城為工，退回農村就歸復農民身分，廉價的人口紅利，造就今日中國經濟成果。

農業從過去糧食短缺到今日短缺與產能過剩並存，供給側改革是凸顯問題，卻不是解決問題的方式。農民進城，戶籍被留下，農村被城鎮化，土地也「被進城」了。雖然土地經營權可以流轉，但至今還不容許所有權私有化。中共對許多改革試點非常大膽與開放，對農村的土地卻緊握不敢鬆手。從承包制到土地流轉，換幾個名詞，但本質還是集體所有，不能落實土地私有化。

戶籍制度讓農民工進退兩難，進無法取得城市的待遇，退則面臨農地因城鎮化消失的窘境。兩大問題若無法從根本上解決，三農政策只是在繞圈圈而已。

毛澤東高喊農民翻身作主，中共建黨近百年，農民依舊是最弱勢的一群，農村依舊是被壓迫的群體，農業依舊是被剝削的對象。共產黨至今仍無法解放農民。

對待「知識份子」兩手策略

習近平在二〇一六年四月二十六日在安徽與中國各地七十多名知識份子、勞動模範、青年舉行座談，習近平強調，各級黨委和政府及各領導幹部，主動徵求知識份子的意見與建議，對知識份子的意見與批評，只要出發點是好的，就要熱誠歡迎，對的就要積極採納，即使一些意見和批評有偏差，甚至不正確，也要多一些包容，多一些寬恕，堅持不抓辮子、不扣帽子、不打棍子。

更早習近平在網絡安全和信息化工作座談會上稱，對網上那些出於善意的批評，不僅要歡迎，而已要認真研究和吸收。中國知識份子與網民，對於習近平二次呼籲依然不買單，反而懷疑類似當年毛澤東搞雙百運動「百花齊放、百家爭鳴」目的是要引蛇出洞。

知識份子在中共歷史不同階段扮演不同角色，在中共建國之後，周恩來曾經說共產黨對待知識份子，使用不合、編排不當、信任不專、支持不夠、工作條件不好、待遇不適當的問題。讓知識份子認為寒冬已經過去，春天快來臨，隔年一九五七年毛澤東推動「鳴放運動」要求知識份子協助中共進行整風，他們認為是大展身手的好機會，於是將過去對中共的不滿盡吐而出，甚至批評「黨天下」公然挑戰黨的領導權威，毛澤東轉而對成內部人民的矛盾，對知識份子「大毒草」進行鎮壓，確保紅色江山永不變色，展開反右運動，知識份子成為新中國的賤民。

知識份子在整風中被抓住小辮子，被亂扣帽子，打蛇隨棍上，連棍子也一起打。經一事長一智，中國知識份子很長一段時間，全部禁言甚至銷聲匿跡。

或許歷史已久遠，或許時空背景不同，但前不久中國知名地產商任志強批評中共「媒體姓黨」的主張，遭到中共媒體文革式的圍攻，引發輿論效應，隨後，任志強的騰訊、新浪微博被強制關閉，官方甚至要對任志強作出嚴肅處理。最後是任志強的友人王岐山署名登出「千人之諾諾、不如一士之諤諤」才讓事件暫時劃休止符。

隨著習近平的講話，都被視為一個重要的訊息，但媒體姓黨撲天蓋地展開，甚至嚴禁「妄議中央」，雖習近平嘴巴上說：「對網民要包容……」言猶在耳，然後中組部立馬進入騰訊機房，微信Wechat三十人以上群組全部列入監管；很多網路名人大「V」被取消了。中國政府已準備加強網路世界的掌握，政府網路與媒體主管機關擬參股其監管對象，取的百分之一「特別管理股」股權及一席董事，各大網路公司面臨「被入主」命運。

中國早已不是文革前中國，雖然整風難以再起，但到了二〇一六年媒體先改姓黨，不過最大姓還是姓趙，黨都跟著趙家人，容許小鬧小批，趙家人並不真正在乎。但不碰觸動搖共產黨統治的基礎，這是共產黨的底線，領導人的正面宣示與政府管制雙手策略，正是共產黨的盤算。

如果想藉由這個議題挑起保守派、改革派之間的矛盾，這是對當權者的一大挑戰。當家的最不希望有人鬧事，因為還有更嚴峻的考驗在後頭。只要誰想藉此生事挑戰黨中央，或是真正傷害到趙家人的利益，這個部份沒得商量。

中國從絕對貧窮到相對貧窮

二〇一六年歲末，習近平親自主持政治局會議，通過「關於打贏脫貧攻堅戰的決定」，會議決議，把扶貧脫貧當成「重大政治任務」，並逐級立下軍令狀，層層落實責任。目標在二〇二〇年中國全數脫貧，貧困縣全部摘帽，也就是說二〇二〇年之後，中國完全沒有貧困縣與貧窮人口。

中國改革開放以來，如果說何者是取得最重大的成果？當然首推「脫貧」，各方統計數據雖然不一，但至少讓七億人口脫離貧窮，這是史無前例。但尚有五千五百萬或七千萬甚至一億尚屬貧困線以下的人民，十三五規劃目標，希望一年有一千萬脫貧，直到二〇二〇年達到完全脫貧的目標。

馬克思的經濟理論，強調平等與均富，資本主義的剩餘價值（利潤），是建立在剝削工人的基礎之上，因此結束資本主義市場經濟。中共執政之後，進行土地改革，計劃經濟，按工計分，與及生產大隊、人民公社，達到平等社會，卻導致中國社會進入均貧的社會。

鄧小平的改革開放，政策主張，就是讓一部份地區、一部份的人先富起來，帶動和幫助其他地區、其他的人，逐步達到共同富裕。但短短幾年，貧困的矛盾逐漸尖銳，八六年中國國務院成立「扶貧開發領導小組」，九四年制定「國家八七扶貧攻堅計劃」，九七年更針對農村提出盡快解決貧困農村人口溫飽的問題。加大政策扶持，甚至指定對接貧困縣責任目標，但延伸出不願摘掉貧困的帽子的特殊現象。

十八大之後的打貪反腐，很多落馬的政府官員，均以兒時窮怕了，貧賤低微就腐敗的藉口理由，「苦日子」成為貪腐的遮羞布。但卻有另一群官員，是利用扶貧的政策與補助，成為中飽私囊的機會，就單單二〇一六年在扶貧上貪腐被立案就有一千八百九十二人，可見貪腐已經無所不入，連救命錢也貪。

如果只是脫離貧困線，這標準非常低，中國的扶貧在這目標上已獲得很大的成績，但眼前的問題，不是絕對貧窮線，而是相對貧窮的問題，這貧富差距的問題，是當初鄧小平改革開放，讓一部份人先富起來的必然結果。

貧富差距加上戶口制度，讓階級問題日益加深，讓二極對立加大，為社會動亂埋下導火線，任何的擦槍走火事件都可能引爆，中共當局不可不察。

香港回歸二十週年，習近平風光登港視察，香港的實驗「一國兩制」是否能吸引台灣？從香港近來的反中輿論，中港的摩擦日益高漲，中國的介入與日俱增。但隔岸觀火的台灣，也隨政黨輪替，進入新一輪的兩岸關係，分隔二甲子，習近平的第二任期可以改觀嗎？

第三篇　香港與兩岸

香港一明一暗的界線

香港電影中警察、魚丸攤一直都是香港電影基本的元素，但二〇一六年農曆年初一凌晨，香港旺角因為警察取締魚丸小吃攤，爆發大規模警民流血衝突。魚丸攤依舊是庶民的代表，但電影中警察形象已經破滅。香港社會再一次撕裂對立，有人聲援抗議有理，有人支持港府定調的暴民，這都是表面的果，本質的因來自香港有二條界線呈現緊繃，讓衝突事件一發不可收拾。

香港有二條線，分別一明一暗，明的界線就是發表中英聯合聲明前，鄧小平提出「五十年不變、港人治港」。另一條不公開卻是潛規則的線是中共不容許香港成為中國變革的催化劑，這二條界線，成為香港難以跨越的民主障礙。

一明界線就是五十年不變

距離五十年不變的承諾只剩三十年，自香港回歸中國二十年以來，一方是北京，擺明把香港往一國方向拉，一頭是香港，尤其是泛民，努力拉回兩制的方向。北京從來不允許香港在一國兩制下享有完全自治，從香港基本法十七條就略知：中國的全國人民代表大會常委會有權否認香港的法律，最佳案例就是人大常委會否定香港政改方案。

對香港而言，時間越來越短，自主空間越來越少，香港人的焦慮在此，而在泛民陣營中也出現分裂與焦躁不安，新世代要突破單一直線拔河的困境，尋找其他新出路。

暗的界線就是不容許香港成為中國民主化的催化劑

兩頭依舊是北京與香港，香港希望點燃民主的火苗，北京不希望香港成為影響中共政權苗頭，套句老共的話：苗頭就是萌芽階段，解決問題在萌芽時。雖然口頭允許香港某種程度自治，但絕對不能變成引發中國變革或民主化的催化劑，如果香港是中共政權威脅的來源，那就一定要處理它。

回歸以來幾次大遊行，只要求特首普選，這是老泛民的訴求，二〇一四年雨傘運動之後，新世代開始論述香港的本土化，不管是民主革新、民主自決還是城邦建國論，跨過老泛民只訴求普選單一化，讓本土的民主論述更加豐富，但也觸及北京的敏感神經。

隨著二〇四七年接近，香港本土民主的成長，讓北京壓力增加，如果立法會及特首沒有全面直選，香港內部很難達成共識，警察追魚丸攤的戲碼會一直持續上演。北京態度與香港政府，如果依然採取對抗與打壓，香港的矛盾與衝突將是中港未來一種新常態。

到底誰才代表北京

一場香港選舉引發北京在港「不同線」互毆，這把火恐怕將燒出北京當權者不同派系的內鬥。單線聯絡、分散領導是中共傳統；到底誰才代表北京？恐怕連香港當局者都不易摸清。

香港立法會選舉落幕之後，而特首選舉早已點燃戰火。在立法會投票前，香港《成報》連續多日以頭版批判香港特首梁振英與中央駐香港的中聯辦，封梁振英為「港獨之父」而中聯辦「挾『中央令牌』坐大謀權」。前香港《文滙報》副總編程翔認為《成報》「肯定有來自北京高層的授意」，「習近平要整頓香港問題，拿梁振英和中聯辦祭旗。」另一方面同樣親共的媒體反擊《成報》，被解讀是江派背景中聯辦的反撲。

一場香港選舉引發北京在港「不同線」互毆，這把火恐將燒出北京不同派系的內鬥。單線聯絡、分散領導是中共傳統，從反抗國民黨開始，就採取「隱蔽後的組織形式」，單獨編組、聯繫。香港雖已回歸，但誰是地下黨員始終只能猜測。

一九四九年後，港英政府同時允許國共在此共存、甚至互搞諜報。六七年由中共港澳工委發動「六七暴動」（中國稱「反英抗暴」），後來在毛澤東點頭下、周恩來批判港澳工委太左，至此中共黨員及潛伏的多條線消沈。

為因應香港回歸，中共中央派許家屯接新華社香港分社社長，實為香港工委書記。當時楊振寧曾跟胡耀邦反映，香港情資被特定人壟斷，使民意無法通北京高層，建議另設渠道。北京因此派出喬冠華之子喬宗淮前往香港擔任新華分社副秘書長，可直通上層。而主政廣東的習仲勳對中共對港政策形容的最貼切：「一左二窄」，至今仍被引用。

六四之後許家屯外逃，中共在港佈線逐漸斷線。九七回歸後，江澤民大權在握，曾慶紅主管港澳，幾任特首都與江派脫不了關係，包含現在的梁振英。香港也成為北京內鬥最佳放話場域，這也是習近平要緊縮香港出版品的原因。其實，習仲勳早年在粵、港的人脈，加上習近平在福建所建立香港福建幫的管道，習早已布局香港，只是尚未浮現。因此，「誰是習的人」成了被操作的議題，就像財政司長曾俊華在杭州G20與習握手照片

一左 寧左勿右的鬥爭思維。

二窄 指用人與政治的胸襟都窄。

就引發暇想。

除了駐港的中聯辦，北京的港澳辦、政治局主管港澳事務的張德江，以及中宣部劉雲山，都對香港有直接影響力，且清一色屬江派。眼見江派搖搖欲墜，港人各顯神通急欲搭上習政權的線，加上北京自行部署的線，各線交錯，表態爭功、揣摩上意，所以出現各線互打。不過，到底誰才代表北京？不僅外人不容易看清，恐怕連香港當局者都不易摸清。

香港政策，習近平不如毛鄧

香港特首選舉顯示，「一國兩制」政策的「一國」永遠壓倒「兩制」。若拿習近平處理香港的手段與他的前輩鄧小平、周恩來、毛澤東相較，也可以發現，習近平的信心膽識皆不如前輩。

香港特首選舉，泛民與特定香港媒體，寄望習近平的一票能夠即時出現，讓選情出現逆轉。最後事與願違，林鄭月娥如預期，低民意、高選委票下勝出，正如林鄭低連署，是為開低走高布局般一樣。

香港回歸二十年，距離五十年不變只剩三十年，但二十年來，爭取兩制下自治與普選特首遙遙無期。儘管選前，中國國務院港澳辦主任王光亞開出特首選舉四個條件：愛國愛港、管治能力、中央信任、港人擁護；最後愛國優於愛港，中央信任壓倒港人擁護。一國兩制，「一國」永遠壓倒「兩制」。

一九四九年中共建政之後，美蘇進入冷戰，全面封鎖中國鐵幕。為了撕開一個缺口，毛澤東認為可利用香港的地利，不回收反而大有用處，除了進口物資以外，也成為連接世界的窗口。五一年周恩來說，對香港政策是「東西方鬥爭全局的戰略布局之一」，他主張讓香港維持在資本主義的英國占領下，「長期而言，不是軟弱或妥協，而是一種更積極主動的進攻和鬥爭。」

六三年中蘇論戰，美國共產黨對中共發表責難，指其居然在自家門口容許殖民地存在，允許資本主義的存在。中共回應，在國際鬥爭中反對冒險主義與投降主義這兩頂帽子，稱中共是不需要在香港、澳門問題顯示武力。這個回應凸顯了毛澤東的戰略格局與自信。

七九年改革開放之後，八四年鄧小平提出「一個國家，兩種制度」來解決香港與台灣問題，鄧更保證說：「我們對香港的政策五十年不變，我們說這個話是算數的。」在當時氛圍能大膽提出，回歸後保留資本主義，已屬不易。

二十年來，中國無論在經濟實力、政治影響力上，已非昔日吳下阿蒙，習近平在全球的權力，已經超鄧趕毛，可卻連鳥籠特首選舉，還擔心這些鳥背叛，對已回歸的香港治理信心大不如前，習近平自信還不如毛、鄧。

香港回歸前，《信報》老闆林行止就在八四年一篇社論〈烏龜背蝎子過河的教訓〉中，以烏龜比喻九七後的香港，用蝎子比喻中國政府，質疑一國兩制是否可行：「毒蠍的回答出人意外，牠說：『龜兄龜兄，難道我不知螫你一下我們就會一同葬身河底嗎？可是，這是我們蠍子的習慣，要改亦改不來啊！』」特首選舉，再一次證明烏龜與蠍子是無法同行，再多承諾，都經不起現實的考驗。

從「一跪各表」到「一中各表」的天朝

蔡英文就職後，二〇一六年世界衛生組織大會（WHA），成為蔡英文總統首場的考驗，與往年不同的是，中國小動作不斷，施壓未上台新政府的決策，邀請函中更首次加註聯合國二七五八號決議「一中原則」。

九二共識、一中各表只限台灣使用。中國國內版是「九二共識」、「一中原則九二共識」或「九二共識反對台獨」，前後加掛並用，但在國際上使用只有一個中國原則。

設有前提或條件不是空前也不是絕後，在中國歷史有前例。十八世紀英國特使馬戛爾尼（George Macartney）出使中國，折騰半天到北京，最後因為跪拜禮雙方意見不同不歡而散。清史記載他跪了，而英國歷史文書寫了沒有，這是「一跪各表」的由來。

中共一直有務實與彈性的基因，在江西蘇維埃的時候，在東南五省聯省自治的時候，什麼時候講過「愛國」？什麼時候講過「統一」？當蔣介石政權批判他是「共產主義、國際主義（工人無祖國）的賣國賊」的時候，可以想像一下毛澤東一定笑嘻嘻地說：「你們說對了，尊敬的先生們，這不是陰謀，這就是我們的陽謀。」

唯一不變是宣誓性意識形態——一個中國，成為北京政府的政治意識型態、中國的國際外交政策與兩岸關係的基本原則。中國與任何國家建交，第一條是「一個中國」原則，甚至每次都需要當中國領導人的面前「重複」一次「一個中國原則」，這成為中國外交禮儀中很重要的宣示性儀式。

如此儀式，更彰顯在中美兩國高峰會，尤其是與美國總統會面，中國一定使盡全力，要美國總統當著中國媒體面前，重申中美三個公報的立場，無一例外與倖免。

宣示性儀式也在中國內部積累，而成為神聖不可能動搖的神主牌。例如，在中國共產黨召開黨的全代會，共產黨一定會「重複」幾句話，如「高舉中國特色社會主義為大旗幟，以馬克思列寧主義、毛澤東思想、鄧小平理論、三個代表重要思想、科學發展觀為指導，貫徹習近平總書記重要講話精神」，再加上「堅定不移沿著中國特色社會主義道路前進」。

「一個中國」成為一種意識形態，但台灣已無意與中共競爭中國代表席位，台灣要在中國宣示性儀式中，變與不變、內外有別中尋找夾縫的空間，唯有務實以醫療專業出席ＷＨＡ會議，才能突破中國意識形態的包圍。

中美三大公報

冷戰期間，中華人民共和國政府和美國政府共同簽署的三份外交公報，包括：《上海公報》、《建交公報》與《八一七公報》。（公報僅具政策效力，不具法律效力。）

《上海公報》

一九七二年二月二十八日，美國總統尼克森訪問中國期間，在上海與中國國務院總理周恩來簽署，全稱為《中華人民共和國和美利堅合眾國聯合公報》。具有中美關係相對緩和的意義，也代表美國拉攏中共，在國際上進一步孤立蘇聯。至今，《上海公報》中，美國對於一個中國的立場首次正式表明「不表異議」（not to challenge）這點，仍具意義。

《建交公報》

一九七九年一月一日正式生效，在時任中國國務院副總理鄧小平訪問美國前夕公布，全稱為《中華人民共和國和美利堅合眾國關於建立外交關係的聯合公報》。公報中宣布中華人民共和國與美國建立正式的大使級外交關係。美國在其中首次承認「中華人民共和國政府是中國的唯一合法政府」，但仍保留與台灣的非官方往來。兩國並重申了反對任何國家在亞洲建立霸權的共識，暗示著兩國對蘇聯的共同立場。

《八一七公報》

一九八二年八月十七日簽署，全稱《中美就解決美國向台出售武器問題的公告》，主要是為了解決美國對台軍售的問題，至今仍有爭議。中共認為美國並未切實履行公報中逐步減少對台軍售的承諾，美國則以具法律效力的《台灣關係法》中對台關係的承諾，以及近年來兩岸軍力不對等為由，回應中共的抗議。

統戰就是暫時站在同一戰線

第七屆台北、上海雙城論壇在台北舉行，上海派出統戰部長沙海林代表上海市長楊雄出席，引發爭議，主要是沙海林的層級與統戰部長的身分。中共贏得國共內戰後，宣傳戰勝敵人（中國國民黨）的三大法寶，其中之一就是統一戰線（統戰）。過去台灣在黨國教育下，對統戰有恐懼與莫名的不解。

中共統戰在不同時期、不同情形下，團結一切「可能」的階級組成統一戰線。如國共合作時組「國共統一戰線」；一九二〇、三〇年代土地革命時期就組「工農民主統一戰線」；對日抗戰時期有「抗日民族統一戰線」；日本投降之後，立刻組成「人民民主統一戰線」：四九年建政後改「愛國統一戰線」；改革開放之後又提出「經濟統一戰線」。

中共自己對統一戰線的定義為「為反對主要敵人，同其他可能團結的力量形成的聯盟」。隨「主要敵人」不同，有不同的統戰對象，但唯一不變是中共掌握統戰領導權。統戰部長在黨內身分因此更具重要性，加上中共以黨領政，當時上海市市長楊雄是市委副書記兼市長，在上海市排名第二，其他七位副市長排名都不如沙海林是常委兼統戰部長。

中共採取既聯合又鬥爭的策略，聯合積極者，鬥爭消極者。一九五七年反右鬥爭，把多達五十五萬的知識分子與民主人士畫入「右派分子」。之後一一平反，但當年大右派代表人物章伯鈞、羅隆基等五人，只是摘掉帽子卻未予改正、承認過去把他們錯畫為右派。章、羅原本都是中共積極統戰的對象。

一九八〇年中共中央決定把百分之九十九的右派改正，但章伯鈞等人仍未改正。中央統戰部對章的家屬說，雖然當年給章劃入右派材料都不確實，但各黨派都要「輪流坐莊」。

改革開放讓一部分人先富起來，階級鬥爭不適用，統戰一時找不到主要敵人。不過為了內部維穩，「無、知、少、女」（無黨籍、知識分子、少數民族、女性）成為統戰拉攏的對象。江澤民時期，最重要思想代表就是「三個代表」，其實最重要的就讓資本家入黨，統戰手法從過去以「打」為主，轉為以「拉」為主。

現階段中共統戰，明確表明就是「經濟統一戰線」，無論對內對外或對港澳台都如出一轍。手法還是團結一切可以團結的力量，調動一切可以調動的積極因素，同樣一直不變的是先確定「主要敵人」，再進行統戰。小英政府上台之後，無黨籍柯市長當然成為被統戰的對象。

蔡英文開啟兩岸關係新時代

蔡英文於二〇一六年五月二十日正式宣誓就職中華民國總統，儀式中最要重要的莫過於就職演講，通篇演講稿預期會以內政為主，但涉及兩岸關係部份勢被格外放大檢視。尤其從當選日至就職日期間，中國大陸發動海內外媒體，逼迫蔡英文「只能」接受九二共識，但意外反而促成凝聚台灣內部的共識，超過六成民眾認為蔡英文就職演講不應該接受九二共識。

「九二共識、一中各表」只限台灣地區使用，中國大陸版的九二共識，採取前後加掛並用，如：一中原則下的九二共識或九二共識、反對台獨，但在國際上使用只會提「一個中國原則」。所以在新加坡馬習會，習近平當然不會提九二共識，WHA邀請函中也只能用聯合國2758號決議「一中原則」而非九二共識。

歷史是不斷重複？尤其是中國，五百多年前明朝嘉靖年間，因明世宗朱厚熜生父稱號問題引起一場政治鬥爭。明武宗無子嗣，過世之後，誰來繼承成為問題，最後找來堂弟朱厚熜繼承，明世宗要封自己的生父為「先皇」，大臣認為萬萬不可，認為他是繼承明孝宗（即武宗父親）的帝位，就要認孝宗為義父，世宗卻只認孝宗為伯父，誰才是世宗的皇考（即宗法意義上的父親），以及世宗生父尊號的問題發生鬥爭，其中「嗣皇帝位」四個字最為關鍵，即所謂「繼統不繼嗣」，大臣甚至引用漢哀帝和宋英宗先例，認為世宗既然是由小宗入繼大宗，就應該遵奉正統，要以明孝宗為皇考。

拘泥「九二共識」成笑話

群臣天天趴在文華殿外撼門大哭，世宗下令下獄拷訊，有停職待罪，甚至廷杖而死數十人，對反對官員被悉數削職等。為了誰是皇帝的父親，滿朝文武百官折騰數年之久。今日看來，這十分可笑，但當時是爭執「嗣皇帝位」四個字，誰是正統問題，五百年後後人如何看待現在兩岸的歷史？拘泥橫空而出「九二共識」？是否也看成笑話？更是不可思議。

蔡英文從參選至就任，一再承諾，她將建立一致性、可預期且可持續的兩岸關係，反觀二〇〇〇年陳水扁當選總統之際，中國大陸只拋出「觀其行、聽其言」，而馬習會均稱兩岸關係是史上最高峰，但如此成就卻經不起換人換黨執政的考驗？

蔡英文的兩岸關係可以用「既有政治基礎」來定調，這其中包含幾個關鍵內容：一、一九九二年兩岸會談的歷史事實，以及雙方求同存異的共同認知，更重要的是相互諒解的精神；二、中華民國現行憲政體制；三、兩岸過去二十多年來協商和交流互動的成果；四、台灣的民主原則及普遍民意。其中，憲政體制這個詞涵蓋憲法條文本身、後續修正解讀、大法官釋憲和在台灣實際實施的狀況，任何關於憲法的解讀和實踐都是「憲政體制」的一部份。

台灣自甲午戰爭割讓給日本至今超過一百二十年，兩岸自一九四九年分治至今也六十七年，兩岸交流只有短短二十多年，其中更中斷幾年，上層政治制度的分歧，應該透過社會與人民交流，逐漸化解差異。蔡英文也表示，希望能夠著重在實質的層次上，「名詞」或者是「標籤化」的處理，其實不是有利於兩岸關係朝有效、好的方向去處理，所以我們也希望在強化雙方溝通、互動的過程中，共同去找到大家可以互相尊重、接受的空間。

尋求心靈契合是習近平總書記的期望，目前台灣民意做出選擇，蔡英文也在「既有政治基礎」下要維持現狀，或許是兩岸新契機。五二〇之後，球回到北京，是真心爭取台灣民心？還是堅持留下「歷史笑話」？存乎一心。

二二八能成為民共新共識？

多年以來，中共在二二八事件上進退尷尬，這也反映在中共對台共與謝雪紅的態度。隨著國民黨下台，中共再度把二二八搬上檯面，高調紀念。二二八能否成為民共新共識的起點？

中國一反既往，高調宣布正在籌辦二二八事件七十周年紀念活動。北京聯合大學兩岸研究所所長朱松嶺稱：「二二八起義是中國人民解放鬥爭組成部分」，而政治受難者多是「中華民族解放運動的實踐者」。顯然北京企圖主導二二八事件的話語權與制高點。

多年來，中共在二二八事件上居於進退尷尬的處境。以早期中共與台共的關係為例，一九二八年四月台灣共產黨在上海法租界成立之際，中共還派員參加；而當時台共主張台灣民族獨立與建立台灣共和國等。由於共產國際規定一國一黨，台灣共產黨歸入日本共產黨台灣民族支部，同年九月台共在東京成立東京特支部。隨日本共產黨被取締，台共與共產國際的聯繫發生變化，導致台共內部爭權。一九三一年台共黨員被逮捕，台共停止運作，部分成員滯留中國大陸也加入中共，如台共創始黨員蔡孝乾參與中共長征，成為長征中唯一台籍人士。

中共革命時期支持台灣獨立運動，一九三六年斯諾（Edgar Snow）至延安訪問毛澤東，毛親自說出支持朝鮮、台灣爭取獨立戰鬥。一九四一年周恩來也說過，同情民族國家的獨立解放運動，中共不只協助朝鮮與台灣，也同情印度與南亞諸國的民族解放運動。

中共的尷尬也反映在對謝雪紅的態度上。謝雪紅一生曲折，一九四七年爆發二二八事件，各地民眾都有抗暴運動，她在台中地區率領群眾運動，自任總指揮。之後改組成「二七部隊」採取武裝抗爭，退居南投山區準備打游擊戰。最終孤立無援，逃往香港轉至中國大陸，並應中共統戰需求，成立台灣自治民主聯盟，擔任主席。五七年反右鬥爭，謝被打入右派，六六年文革開始，成為被批鬥的對象，七〇年病死。謝雪紅直到八六年才得到平反，摘掉右派的大帽子，骨灰雖移放八寶山革命公墓，但中共還沒有公平對待她的歷史定位。

國民黨繼承所謂道統，承接孫中山、蔣介石以降的正當性，對反抗國民黨統治的二二八事件長期阻礙還原真相，也讓事件成為轉型正義的關鍵歷史事件。台灣民間自一九八七年發起平反二二八事件運動，也成為同年成立民進黨的切入點，糾葛的歷史使命，讓民進黨取得話語權與制高點。

隨國民黨下台，中共再度把二二八搬上檯面。二二八能否成為民共新共識的起點？這需要中共不是只想取得二二八的論述權，而是願意共同還原歷史真相，並記取歷史的教訓。

兩岸關係實為兩岸各自內部問題

兩岸都堅持過去立場，立場堅持不變逐漸累積成為「教條」。教條也成政治現實裡一股無法扭轉的力量。公開講話都是「政治語言」，政治語言成為教條信徒的信仰與口號。

總統蔡英文二〇一六年就職演說指出，將依《中華民國憲法》與《兩岸人民關係條例》等相關法律處理兩岸事務。北京以「未完成的答卷」回應，台海兩岸進入冷和階段。

這一年世界政經情勢發生變化，兩岸關係也產生變化，所以蔡英文在就職周年之際接受訪問，提出「新情勢、新問卷、新模式」的三新論，為兩岸關係開啟新時代的開始，但對岸一直要拉回過去的原點。

兩岸都缺乏戰略高度，堅持過去立場，立場堅持不變逐漸累積成為「教條」，教條也就成現實政治裡一股無法扭轉的力量。所有公開講話都是「政治語言」，政治語言成為教條信徒的信仰與口號。

中共的歷史中，教條力量不勝枚舉，如左傾教條。一九五九年彭德懷在廬山會議上書毛澤東，針對大躍進、浮誇風、個人崇拜，慘遭整風。六六年劉少奇、鄧小平被定性「資產階級反動路線」代表，劉少奇更被扣為「中國的赫魯雪夫（Nikita Khrushchev）」。

反教條唯一成功的就是鄧小平。毛澤東過世之後，交棒給華國鋒，華更堅持「二個凡是」。這是從一九四二年延安整風延續而來，左傾教條到文化大革命達到最高峰。這一來是對毛澤東的強烈個人崇拜，二來左傾教條逐漸形成一個體系。

毛澤東的繼任者華國鋒既要穩定局勢，又要解決問題，所以提出「凡是毛主席的決定，我們都堅決擁護；凡是毛主席的指示，我們都始終不渝遵循」這個教條。鄧小平復出之後，也是經過十年的努力，權力鬥爭加上思想理論的辯論才改變左傾教條。

基本教條的力量一直都存在，並不是消失，如一九八七年中共總書記胡耀邦被指責反對資產階級自由化不力而被迫辭職；八九年中共總書記趙紫陽也因為同情學生反對鎮壓，遭到罷免與軟禁。隨中國經濟崛起，基本教條派也換上民族主義的外衣。

台灣內部也有不同主張的教條者，但因為民主制度，讓教條主義者是一種制衡而非主導的力量。隨民主制度的深化，各種教條派雖是敵對，但逐漸共生並存在台灣內部。

教條主義者讓兩岸隔閡更深、敵意更大，視對方的政治語言為挑釁，逼對方臣服在自己的政治語言主張下。任何善意訊號或表態都會被輕忽或誤解或扭曲，所以兩岸關係很大程度不是兩岸間的問題，而是兩岸各自內部的問題。

兩岸一家親的格局與操作

每當傳出「雙城論壇」停辦或取消之際，柯文哲市長就會接受特定媒體專訪，一定說出既有的政治基礎，並瞭解大陸政府對一個中國原則的堅持，且要加上「兩岸一家親」的習近平對台政治口號。之後「雙城論壇」就如期舉行，且屢試不爽。

兩岸一家親成為芝麻開門的神奇咒語，從過去鄧小平提出「和平統一台灣」、「一國兩制」，江澤民提出「一個中國、和平統一」，到胡錦濤加上「反獨促統」通過《反分裂國家法》，習近平上台在中國夢下提出「兩岸共圓中華民族偉大復興的中國夢」，再到「兩岸一家親」成為習近平對台的主旋律。

習近平提出的「兩岸一家親」也是中共歷來領導人提出對台統戰最具高度的戰略，但教條當道，也只能把高度束之高閣，剩下政治口號而已。落實兩岸一家親，中國需要高度自信而非自大，畢竟中國已經大到不需要兩岸互信，只要中國信任台灣，如此兩岸一家親就可以做到不是逼台灣人認親，而是中國主動對台灣認定是一家親。

假如兩岸一家親落實在政策上，把台灣當成中國的一省，哪還需要簽「服貿」、「貨貿」？對外關係，中國與其他國家的建交或貿易協定，前提都是「一個中國」原則，一個中國原則下，台灣是中國的一部分，所有貿易協議也應該適用台灣。如此台灣無論哪一政黨執政，恐怕都無法抵抗被吸納入中國，差別只是快慢而已。

所幸中國僵化體制，加上自信不足，逼迫台灣要認中國這一個親。講的是「一個中國」，反對兩個中國或一中一台，但弔詭的執行都是兩個中國或一中一台的零和遊戲。如巴拿馬斷交壓迫蔡英文政府而沾沾自喜，似乎取得勝利，但相對台灣的國族認同上升與對中國的排斥、反彈加深，都是要歸功於中國執行對台的政策所造成的作用力與反作用力。

雖然中共是一個務實的政黨，但認識往往落後現實，把已經解決的問題當成未解決的問題，抱著孩子找孩子。明明中國已經是數一數二的列強，但卻把百年的恥辱轉成要中國站起來的因素。面對兩岸問題也是如此，採取舊思維的統戰手法，從過去統戰國民黨，如今拉攏柯文哲如出一轍。

柯文哲採取「便宜行事」或是嘴上認親也無傷，認為講對方愛聽或對方設定的主軸，損失不大，這政治算盤，柯文哲恐怕打錯。

毛澤東的開國，鄧小平的富國，習近平的強國，拋開韜光養晦，中國正式登上強國之路，加上美國總統川普，提出以美國優先。中美兩強會不會掉進「修昔底德陷阱」？中國的崛起對周邊國家又會產生何種效應？

第四篇　強國崛起

美國大選給習近平的一堂課

習近平上台後未能改善尋租的空間。國家這隻手頻頻救火，習近平為了產能過剩，對內提出供給側改革，依一帶一路開拓國際市場。這或許有效拯救經濟，但公平分配才是民眾在意。

美國大選落幕，卻意外川普當選，其中因素甚多，各界的解讀與評論，已經俯拾皆是。但回到最根本還是「經濟」問題，尤其是分配嚴重失衡，貧富兩極加劇，工作機會減少，所得沒有增加，物價房價高漲，不滿執政者無力改革制度，成為影響大選關鍵選民。

千禧年迎來網路泡沫化，隔年美國聯準會執行寬鬆貨幣政策，又遇到九一一事件，持續寬鬆貨幣加上低利率且沒有通貨膨脹，藉以刺激短期消費需求與帶動投資。金融機構錢多利息低，鼓勵民眾貸款與投資房地產，最後引爆二〇〇八年美國兩房風暴，衝擊全球。各國為了穩定經濟，都相繼推出寬鬆貨幣救急，效果還沒有浮現，它的副作用卻先到——分配嚴重不公。

美國寬鬆貨幣開始，適逢中國加入世貿組織（ＷＴＯ），之後每年出口平均百分之二十五成長，強勁外部需求，帶動中國大陸內部的投資，但中國

超英趕美

一九五八年，毛澤東在大煉鋼運動時期提出的口號，指出中國鋼產量的目標是要在十五年趕超英國，五十年趕超美國。

在二〇〇八年受到美國兩房風暴衝擊，迅速推出四兆人幣民救市政策，加上每年貨幣供給量增加率都維持二位數，最高接近百分之二十，都遠遠高於經濟成長率，製造業的成本大幅攀升，全球經濟成長遲緩下，產業結構失衡，產能嚴重過剩。

多餘的寬鬆貨幣造成炒房、炒茶葉、炒蒜頭、什麼都可以炒。為了抑制炒作，直接由國家看得見的手代替市場看不見的手。加上政治體制，容易有尋租空間，這中間就容易滋生腐敗。習近平上台以來，打貪反腐，減低民怨，但未能改善尋租的制度改革。國家這隻手頻頻救火，習近平為了產能過剩，提出供給側改革，一帶一路開拓國際市場，這只是循凱恩斯的主張之路而已。

上世紀的大蕭條，凱恩斯提出政府增加之出，創造有效需求，羅斯福新政就是採取凱恩斯路線，才結束十年的大蕭條。一九五八年毛澤東也推出類似政策——大躍進，想超英趕美，投入全部資源，結果卻是產業結構失衡，糧食短缺，造成三年大饑荒。

馬克思談的上層政治，下層經濟透過掌握生產工具，才能改變階級。改革開放後的中共，一改過去經濟手段，學習凱恩斯，國家採用擴張性的經濟政策，寬鬆貨幣就是其中之一，再加上國家投資，如鐵公機（高鐵、高速公路、機場）促進經濟增長，或許有效拯救經濟，但如何公平分配才是民眾在意，川普當選，提供習近平審思。

愛面子又愛統戰
是中國外交罩門

二〇一六年四月上旬，斯里蘭卡（Sri Lanka）總理韋克瑞米辛（Ranil Wickremesinghe）首度訪問北京，提出要求中國打消八十億美元的貸款或以債轉股的方式處理，引發中國網民撻伐指責中國政府「窮大方」。中國官方默認或不回應，似乎準備吞下這筆援助，這背後的思維為何？

中國共產黨三大法寶之一就是「統一戰線」，其核心是共產黨在政治競爭中掌握「聯合次要敵人，打擊主要敵人」的原則。因此判斷形勢，區分敵我勢力消長，洞悉各方力量分布的態度，對統一戰線的實施極為重要。運用在中國外交上也是如此，支持單一政黨，協同打擊敵對政黨模式，變成中國介入他國政治的一種模式。

若這個國家透過民主、政變或其他形式的政黨輪替，與中國關係會出現一段時間「冷關係」。之後尋找適當時機，讓中國贏得面子，但也讓中國付出沉重的裡子，以讓新政府重新回到朝貢體系軌道來。案例不勝枚舉，如中國與泰國採取大米換高鐵，一度因為政變而中止，事隔一年後才重新簽約；如今，斯里蘭卡也是如此。

斯里蘭卡近年在親中與反中之間擺盪。二〇一五年總統與國會兩場大選，「反中」成為選舉議題，攻防焦點在可倫坡（Colombo）港口興建案。可倫坡港由中國填海造地，其中部分土地由中方永久持有，部分土地租期九十九年，投資金額高達一四〇億美元。二〇一四年更安排習近平前往剪綵，也是「一帶一路」重大指標性項目。反對黨指總統與中國「黑箱交易」、「貪腐收賄」，並指謫協議條款是「割地賣國」，讓斯里蘭卡變成「中國的斯里蘭卡」。可倫坡港議題掀起全國反中浪潮，而中國大使頻頻出現在執政黨選舉場合，也屢屢出現在反對黨的選舉文宣上，成為另類候選人。

二〇一五年一月新政府上台，對中國所有投資案全面喊停，外長甚至宣布拒絕中國潛艇停靠港口。不料，二〇一六年三月卻突然宣布中國投資的可倫坡港口擴建案恢復動工，緊接著四月份總理韋克瑞米辛首度訪問中國，並簽訂新的協議，並提出引發爭議的打消八十億美元貸款或以債轉股的方式。

中國朝貢體制貿易，重點是體制非貿易。當各國反對舊體制的政黨取得政權後，共產黨的統戰思維會讓中國想吸引這些新執政黨再回到朝貢體制。中國的好大喜功與愛面子，是一大罩門。在此思維下，如何讓中國獲得面子，就有機會對中國取得最大裡子。

南海不是問題，中南海才是問題

黃岩島爭議

黃岩島（菲律賓稱作斯卡伯勒淺灘，Scarborough Shoal），南海中沙群島中唯一露出水面的島礁。中華民國、中共、菲律賓三方都主張對該地擁有主權，目前由中共實質控制。

菲律賓因與中國的黃岩島爭議，在二〇一三年一月提起了國際仲裁案。菲律賓提告後，中國沒有在仲裁庭上積極主張自己的論點，反而選擇「不應訴」，並在國內輿論鼓動民族情緒，大張旗鼓宣示軍力，不惜亮劍一戰。南海議題是外交折衝？還是軍事衝突前哨？或是中南海內部問題？

一九五三年，中國、印度存在著領土糾紛，印度代表團會見當時的中共總理周恩來，周首度提出「和平共處五項原則」（相互尊重主權和領土完整、互不侵犯、互不干涉內政、平等互利、和平共處）。五五年，印尼萬隆舉行亞非會議，中國因是共產主義代表，懷疑對鄰國搞顛覆，出席會議的周恩來，提出「求同存異」方針，也重申「和平共處五項原則」成為中國的外交指導原則。

一九八九年下半年度開始，東歐劇變、蘇聯解體，美蘇兩極冷戰格局不復存在，鄧小平提出三句話：第一冷靜觀察、第二穩住陣腳、第三沉著應對。九〇年鄧又稱中國永遠不稱霸，中國也永遠不當頭。鄧小平這些重要講話，被概括成二十字戰略方針：「冷靜觀察、穩住陣腳、沉著應對、韜光養晦、有所作為」，簡稱「韜光養晦、有所作為」方針，之後江澤民上台，鄧規江隨。

胡錦濤上台之後，二〇〇三年時任中共中央黨校常務副校長鄭必堅，首度提出「中國和平崛起」，訴求中國和平發展給鄰國、給全世界帶來的不是障礙、不是威脅，而是機遇。習近平上台，外交主張提出「新型大國關係」，搭配軍事能力，展現強硬外交。

菲律賓提仲裁後，中國不再提「和平相處五項原則」外交國策，揚棄韜光養晦，不再論述和平崛起，只剩下中國夢。頻頻軍事演習，提升對抗，習近平似乎有意放棄外交折衝，展現軍事實力，但仲裁之後，異常克制與壓制中國內部輿論，那理由只剩下一個。

一九七九年中越戰爭，中越雙方都宣布取得勝利，懲越是假議題，實則讓鄧小平真正掌握軍權，取代華國鋒成為軍委會主席。現在亦然，仲裁當天，習下了死命令：沒有習親自下令，有誰敢發一槍一炮的，一律軍法處置。習近平權力集中化下，如何將共產國家中央軍委制，轉型成為民主國家

萬隆會議

一九五五年四月於印尼萬隆召開，又稱第一次亞非會議。是亞非國家第一次在沒有殖民國家參與的情況下，討論亞非事務的大型國際會議，主要目的在於促進亞非國家的經濟文化交流，並共同抵制美國與蘇聯的殖民主義。

（以美國為例）的參謀聯席會？更同時藉此清理內部，布局十九大，恐怕才是南海議題背後的連動效應。

永遠不稱霸也永遠不當頭的鄧規，如今習不隨，習近平提出「強國論」，王毅對外指出，習近平外交思想的指導作用，已超越三百年來西方傳統國際關係。這是馬屁？還是吹哨壯膽？

G20在杭州是巧合？還是命中注定？

十三五計劃

即「中華人民共和國國民經濟和社會發展第十三個五年規劃綱要」，意指中國從二〇一六年到二〇二〇年發展國民經濟的計劃。於二〇一四年四月開始部署，重點為中長期規劃推進國家治理體系和治理能力現代化，並規劃從科技創新、結構升級、基礎設施、生態環境、民生改善五大方面推動。

杭州是習近平宣示中國深化改革與走進世界的宣誓所在，而在於杭州舉行二〇一六年的G20是習近平上台至今，級別與規模最大的國際領導人會議，其中巧合頗耐人尋味。

在杭州舉行G20高峰會，是習近平上台以來，級別與規模最大的國際領導人會議。當今世界數一數二的國家非美國、中國莫屬，歐巴馬出發前往中國杭州前夕，還是呼籲中國要承擔大國的責任，但習近平對G2不感興趣卻積極運作G20。習近平宣示：中國走向世界，世界走向中國，中國對外開放更不會走回頭路。

選在杭州如習近平所說的，杭州自古以來是歷史文化重鎮和商貿中心。杭州是中國民企比率較高城市，更充滿創新活力城市，因為是阿里巴巴的總部，也帶動電子商務蓬勃發展，透過滑鼠聯通全世界。更重要浙江是習近平主政過六年的地盤，除了人親土親以外，也展現外交的成果，更藉此宣示中國十三五計劃的目標。

中共三大法寶之一統戰，也運用在中國的外交手段，統戰的空間在於善用內部矛盾與外部矛盾的縫隙，如美蘇對抗時期，中國參與萬隆會議，蘇聯崩潰之後，中國與俄羅斯加上中亞五國，由中國所主導上海合作組織。

如今中美二極下，中國積極主導G20高峰會，習近平意有所指，指中國提倡新機制，不是為了另起爐造，更不是針對誰？二〇〇八年全球金融危機爆發後，美國國力與中國的實力，出現明顯此消彼長的對比，讓G20國家領導人一起坐下討論因應策略，中國也掌握主導權。

歷史的弔詭，一九五六年赫魯雪夫在蘇共二十大上反史達林，引發國際上一股反共、反社會主義浪潮，和波匈事件連接發生，當時美國國務卿杜勒斯受到鼓舞，隔年提出對共產國家的「和平演變」，更明確指出中國和平演變的希望寄託中國第三代或第四代身上。毛澤東非常在意杜勒斯的言論，一九五九年十一月，毛澤東在杭州召開一次小型會議有周恩來、彭真、王稼祥、胡喬木等人參加，會議主要是提

上海合作組織

簡稱「上合組織」，是中國、俄羅斯、哈薩克、吉爾吉斯、塔吉克、烏茲別克斯坦、巴基斯坦和印度等八個國家組成的國際組織，另有蒙古國、伊朗、阿富汗和白俄羅斯等四個觀察國。組織內的語言為漢語和俄語，訴求以「上海精神」解決各成員國間的邊境問題。

和平演變

一般指民眾或政治團體發起和平的政治變革活動。

但在中國，這個詞特指以美國為首的西方國家，透過滲透，宣傳等非武力手段，對中國等共產黨領導的國家進行顛覆的活動。

波匈事件

波，即波蘭；匈，即匈牙利。即一九五六年波蘭西部中心波茲南和匈牙利首都布達佩斯發生大規模的騷亂，後來引發匈牙利革命，又稱「匈牙利十月事件」，後以蘇聯軍隊入駐匈牙利並配合匈牙利國家安全局進行鎮壓而結束。

出警惕修正主義，防止和平演變。一九六三年五月毛澤東也是選在杭州主持「前十條」會議，一直把防止修正主義與和平演變作為一個重要思想，更描繪如果黨變修、國變色是多麼可怕的情景。

杭州在中共歷史上反修正主義與和平演變上有關鍵的角色，如今更是習近平宣示中國深化改革與走進世界的宣誓所在。當年杜勒斯的預言實現，寄託在中共第三第四代身上，老毛說的窮則思，富則修也命中，今天中國富起來，也大大修正中共的路線，中國的和平演變已經不是外部因素，而是中國內部因素發生翻天覆地的改變，反而「中國因素」成為影響世界的變數。

美霸權衰退，中國夢能成真？

一九七九年柴契爾夫人（Baroness Thatcher）當選英國首相，隔年雷根（Ronald Reagan）贏得美國大選，兩人聯手推動全球自由化、全球化，也讓新興國家與中國成為這一波全球化最大受益者；二〇一六年從英國脫歐、美國由川普當選總統，為這時代畫下句點，宣示這一波全球化出現逆襲與反撲。

由英美推動全球化，從過去兩大陣營對抗，逐漸成為單極領導。當中國開始崛起，美國希望中國扮演負責任的大國，讓G2領導全球，但中國傾向由G群體來共同承擔。

美國過去稱霸全球，依賴四大支柱：一、美國的軍事科技力量，龐大軍事力量維持各區域的安全與穩定；二、美元，美元取代各國黃金儲備的角色；三、美國國內市場，對外開放而成為全球主要消費市場；四、普世價值，推動人權、民主、自由，成為各國之間的價值同盟。

如今，美國軍事力量從國際之間反彈到美國國內的反對，逐漸衰退中，歐巴馬主政的八年尤其明顯；歐元發行，加上後來人民幣在國際走強，美元也備受挑戰；美國國內市場消費力也大不如前；此外，美國捍衛普世價值也力不從心。四個支柱鬆動，優勢消失，也代表美國霸主領導地位已經走下坡。

中國的崛起，被視為當今可以取代美國的唯一國家，習近平上台以來，大力鼓吹中國夢，讓中國恢復在全球應有的地位，中國國防預算逐年高成長，但尚未能取代美國。中國國內市場卻自成一格，例如：牆外有Google，中國有百度；你有LINE，我有微信；自創規格有效阻隔國際廠商進入競爭，卻透過一帶一路，把國際市場轉變成中國國內市場，消化過剩的產能。而人民幣雖然成為強勢貨幣，但在國際化、透明度上存有疑慮。

從印度、菲律賓、台灣，甚至美國今年的大選，都是中國嘲諷「民主」的案例。中國反對西方普世價值，否定西方的人權、自由、民主，但沒有建構具有中國特色的普世價值。中國夢是中國內部的共識，卻不是與周邊國家或世界的共識，更談不上成為國際之間價值同盟的基礎。中國需要提出成為強權之後，世界穩定的價值同盟概念，而非單一經濟發展的價值而已。

美國衰退後，軍事力量、貨幣、市場、普世價值出現鬆動，中國能全面取代？答案為何，中國與世界各國應該都心知肚明。前兩個支柱，打鐵還需要自身硬，而後二者，更是中國能否成為負責任大國的重要指標。

中國打出「老朋友」這張牌

川普當選美國總統，讓很多國家措手不及，尤其選舉期間一再被點名批判的中國。中國趁川普尚未就職，人事布局之際，安排一場「中國人民的老朋友」——季辛吉（Henry Kissinger）與習近平的會面，藉此瞭解川普新政府的對中政策，更要高規格凸顯來自共和黨的老朋友地位，卻意外被蔡英文與川普的一通電話打亂布局。

中共藉由「中國人民的老朋友」傳遞訊息，尋求突破中美兩國的僵局屢試不爽。一九六五年毛澤東就曾經接見美國記者史諾（Edgar Snow），釋放中國無意對外擴張的訊息；七〇年中國國慶閱兵台上，故意安排史諾坐在毛澤東旁邊，並透過史諾表達願意邀請尼克森（Richard Nixon）訪問中國。但這訊息並沒有受到美方的重視，美方認為史諾是長期同情中共，更認為史諾是中共的工具人。

直到季辛吉訪問巴基斯坦時，藉由生病的理由轉機到北京，正式在冷戰中打開中美正式對話的管道，也為尼克森訪中、美中建交鋪路，季辛吉也正式被認證為「中國人民的老朋友」。美國在中國發生八九年天安門事件之後，認為中國違反人權與普世價值，採取了一些抵制性的動作。江澤民上台後，首先再度邀請中國人民的老朋友季辛吉訪問中國，江澤民說：「除了台灣，中美之間沒有大問題。中國不輸出革命，但改革必須是自願，不能是外界強加的。」顯然這招對美國是有效，之後美國很少在人權或民主普世價值的標準上要求中國。

季辛吉所推崇的中國是古代的中國，是儒家的中國；季辛吉所談的均衡現實政治，是經濟逐漸增強的中國；季辛吉告訴川普的國家利益，是代表美國精英階層的利益，並非是美國中下階層的利益。

季辛吉所鞏固的是他個人，是中共所封「中國人民的老朋友」的歷史定位。季辛吉離美國人民愈來愈遠，現實的中國也離季辛吉書中的中國更遠。這樣的中國通、中國人民的老朋友，四十年後也步上史諾的後塵。

川普是位非典型政治人物，他知道台灣是中國的敏感神經，當然也知道川蔡電話只是一個訊號，而這訊號足以引發強大效應，尤其是中國的反應，甚至淹沒「習近平接見季辛吉」新聞。川普執意挑戰中國，從選舉以來始終如一，川普更不容易接受他人的影響。而季辛吉相信「歷史會重演」，從過去幾次中美危機或衝突中，也凸顯了這位中國老朋友的重要性。而另類的川普，他會賣面子給這位同屬共和黨的季辛吉嗎？

川普掐住中國「一中」罩門

川普（Donald Trump）與其團隊涉及中國的發言往往令中國暴跳如雷，中國甚至把中美關係的惡化歸罪台灣，更在台灣附近進行軍事演習挑釁。「一個中國」原則是他國與中國建交的開宗明義必載，而中國外交部長王毅近日更在奈及利亞示範：與台灣非邦交國家如何依「一中」原則與台交往。從中國的反應，一方面可見中國對此原則的堅持，另一方面也顯示他們對「一中」被挑戰的不安與恐懼。

其實川普充分瞭解「一個中國」政策，只是他不解：在中美雙方針對貿易等議題達成協議前，美國為什麼要接受這個政策？在政治素人川普眼中，「一中」原則猶如國王的新衣。

利用「一中」掐住中國，川普不是首例。一九八〇年雷根（Ronald Reagan）當選總統之際亦曾經做過，而當時對手是鄧小平，如今川普的對手是習近平。一九七二年《上海公報》承認海峽兩岸都堅持一個中國，台灣是中國的一部分。七九年一月中美建交，但四月美國國會就通過《台灣關係法》讓鄧小平怒不可遏。比起《台灣關係法》，更令鄧不高興的就是雷根當選美國總統，雷根承諾要給台灣尊嚴，謀求與台灣建立正式關係。對此，鄧小平宣布如果共和黨繼續支持台灣，他將被迫要維護十億中國人民的利益，中國不會在台灣問題上忍氣吞聲，並準備讓中美關係不是回到七〇年代、而是倒退到六〇年代的水準。

當時中國駐美大使柴澤民曾威脅，若雷根邀台灣代表參加就職大典，他將拒絕出席，雖然鄧小平對美國政府採取強硬態度，但對台灣卻推出新文件《葉九條》：歡迎台灣人民去中國大陸投資、創造三通條件、台灣享有高度自治……等。鄧並透過李光耀從中穿線，對蔣經國動之以情，卻均被蔣經國悍然拒絕，更推出「三不政策」。

當年鄧小平採兩手策略，對美強硬、對台懷柔；習近平則對美軟弱、對台強硬。習近平對美只能不斷重複「一中」是中美關係基礎，不可交易；另一方面，放縱媒體與退休官員對台強硬發言，並武力威嚇。

當年鄧小平才從華國鋒身上奪權成功，中美剛建交，中國改革開放方啟動，人民還是一窮二白；中國今非昔比，無論經濟總量或中國國際影響力已全球數一數二，可操作或使用的手段工具已非鄧小平時期所能比擬。

「一中」是中國最大堅持，但也成為中國最大罩門，習近平權力集中直逼毛澤東，但自信程度卻遠遠不如鄧小平。

台灣關係法

Taiwan Relations Act，縮寫為TRA，是一部現行的美國國內法。一九七九年一月一日，美國政府終止與中華民國政府間的所有正式外交關係，轉而承認中華人民共和國，美國國會制定此法並由美國總統卡特簽署生效，以規範往後的美國與臺灣的關係。此法的要旨為：「本法乃為協助維持西太平洋之和平、安全與穩定，並授權繼續維持美國人民與在台灣人民間之商業、文化及其他關係，以促進美國外交政策……」其中第二條第二款指出，「任何企圖以非和平方式來決定臺灣的前途之舉——包括使用經濟杯葛及禁運手段在內，將被視為對西太平洋地區和平及安定的威脅，而為美國所嚴重關切」。另有第六條：「美國總統或美國政府各部門與臺灣人民（The People on Taiwan）進行實施的各項方案、交往或其他關係，應在總統指示的方式或範圍內」，經由或透過「美國在台協會」來進行實施。

此法中的「臺灣」一詞僅代表臺灣島、澎湖群島等其餘環繞臺灣島之小島，並未包含金門、馬祖列島、東沙群島和太平島等中華民國政府實際控制的領土。

三不政策

一九七九年，中美斷交、美國與中共建交後，蔣經國主政的中華民國政府對於中共採取的政策，意指不接觸、不談判、不妥協。

川習在「供給側」兩頭拔河

川習達成共識，要在未來百日內，協商解決嚴重貿易失衡問題。中美經濟原本具有互補性，但政府體制卻是決定結構調整的根本，習近平用力「拉」市場進入中國，川普則用政府干預市場。

美國稱霸世界依靠四個武器：科技軍事力量、美元、美國國內市場、普世價值人權與民主，首次川習會，川普（Donald Trump）就在習近平眼前，展示衰退中的美國仍有的實力。川習會落幕之後，很多評論說這是一場形式大於實質意義的會面，沒有聯合聲明，也沒有聯合記者會，只有個別官員主持的新聞說明會而已。中美兩大國，涉及議題非常眾多與分歧，一次性會面本來就難以達成共識，這是無可厚非。第二次川習會在G 20峰會短暫會晤，五次通話，大都聚焦在朝鮮問題，反而中美貿易問題毫無進展。

尤其川普在大選中一而再提起的中美經貿問題，而這次會面，美國就質疑中國政府對經濟的過度干預，其中工業、農業、科技、網路政策，對美國就業與產品出口有大衝擊。雙方達成的共識就是，未來一百日內展開密集協商，解決嚴重的貿易失衡問題。

習近平上台以來，經濟面臨結構調整，尤其是產能過剩而重新配置資源的問題。二〇一五年底，中央財經領導小組首次提出「供給側改革」，卻透過計劃手段，從供給面進行結構調整與改革，包括去產能、去庫存、去槓桿、降成本、補短版（彌補缺點）為主要任務，也成為習近平經濟政策主軸；更從傳統鋼鐵業、煤礦，擴大到各行各業，都套上「供給側改革」大帽子。

中國經濟出現結構性失衡，而失衡主因是「政府體制」那隻看得見的手介入過深，導致市場那隻看不見的手消失。中共中央財經領導小組辦公室副主任楊偉民解釋，中國供給側結構性改革，就是要建立「市場化」、「法制化」消化過剩產能的機制，讓市場自由在配置資源中扮演主導的作用。

如今，供給側改革完全走上一九九一年朱鎔基處理三角債的老路——政府主導、政府負責、政府埋單。當年是計劃經濟轉軌市場經濟，實施價格雙軌制，並以國企為主的經濟結構；經過近四十年的改革開放，中國經濟結構與規模已不可同日而言。反觀在美國，川普上台以來，本質也是要採取供給面改革，不再採取刺激消費、擴大需求為主的政策，而是透過重建基礎建設、提升貿易保護政策、吸引產業在美生產等手段，以創造就業機會。這個手段就是在減少市場力量，增加政府力量。

中美的經濟原本具有互補性，但政府體制卻是成為決定結構調整的根本。習近平用力「拉」市場進入中國，川普則用政府干預市場，但兩者最後都可能適得其反，達不到原本設定的目標。

朝鮮半島維持現狀川習的兩難

當年朝鮮半島的分裂是中、美介入所造成，如今半島維持現狀已經成為中、美共同的利益。不過，無法被預期的北韓領導人金正恩非當年的金日成，也成為改變現狀的變數。

朝鮮半島不安情勢升溫，北韓二〇一七年四月十五日大動作邀請各國媒體參加太陽節紀念活動（金日成冥誕紀念）；接著，四月二十五日朝鮮人民軍建軍八十五周年紀念日，更舉行大規模的閱兵與火力演習。川普在此前邀請聯合國安理會成員代表至白宮，表達北韓的「現狀」不可接受，北韓已經是迫切的安全挑戰。中國除了呼籲對話以外，也增加邊境的軍隊數量，更提升到最高一級的戰備，朝鮮半島危機已處於戰爭邊緣。

聯合國安理會通過制裁朝鮮，而金正恩試射彈道橫越日本上空，馬上又氫彈試爆，這位年輕獨裁者，讓美國脾氣暴躁且執政經驗不足的川普暴跳如雷，而希望雙方維持現狀、穩定壓倒一切的中國十分尷尬。

當年韓戰，一直都是中、美兩國心中無法抹滅的痛，在史達林（Josef Stalin）的操作下，金日成有克里姆林宮撐腰，發動跨過三十八度線戰爭，

把美國捲入戰事。更向成立未滿一年的新中國施壓，讓中國派兵參戰，讓美、中都大規模介入戰爭，

一九五一年因為抗美援朝，中國預算增加六成，而總預算三分之二直接用於韓戰，這還不包含蘇聯提供軍事貸款。韓戰一直是中國嚴峻的負擔，人員傷亡更高達數十萬，加上毛澤東長子毛岸英也在此戰爭中陣亡。直到五三年史達林去世，毛澤東才能從戰局中「光榮」脫困，而中國志願軍直到五八年才從朝鮮退兵。

朝鮮半島不外乎兩條道路選擇：維持現狀，南北韓各自獨立；二是統一。統一後依韓國的民族性一定會拒絕美軍持續進駐，更不利美、日地緣政治的聯盟。而統一的韓國也將對中國懷有新仇舊恨：舊恨當然是中國派兵介入韓戰，否則韓國早就統一；新仇則是中國一直都是北韓最有力的靠山。歷史的弔詭，當年朝鮮半島的分裂是中、美介入所造成，如今半島維持現狀已經成為中、美共同的利益。

中國認為北韓的存在，是中國與美、日、韓的緩衝，且雙方更簽訂《中

朝友好互助條約》，平壤也自認幫中國擋子彈，因此中國的援助是義務不是恩賜。正如當年金日成需要毛澤東的援助，又不願意太依賴中國人，金日成雖與中共都屬共產黨，但他更是朝鮮民族主義者，對中國一直持有戒心。

朝鮮半島「維持現狀」似乎符合各國的期待與利益，但北韓領導人金正恩非當年的金日成，成為改變現狀的變數。中國要穩定，但支持金正恩政權的成本愈來愈高；美、日、韓雖然需要養敵自重，但前提是敵人要是可被預期與預測。面對不可預測的金正恩，甚至沒有金正恩的後金正恩時代，朝鮮半島引發的動盪更不可預期，這恐怕是讓川、習進入進退兩難的困局。

蒙古經濟危機
引發政治風暴

深受中國經濟影響，蒙古經濟出現零成長，經濟因素影響選民連續二次大選的決定，共產政權時代執政的蒙古人民黨重掌政權。採取聯俄親中政策，寄希望於「一帶一路」救經濟，但飽受批評蒙古進入新經濟殖民。

因地處國際戰略重要位置，左右了蒙古未來走向，而經濟因素則影響人民的選擇。蒙古國人口三百萬，公民數一百九十萬人，擁有豐富礦產資源，但受限地理因素，四分之三的石油需要從俄羅斯進口，有九成出口貿易要仰賴中國。因中國產能過剩、礦產需求降低，導致蒙古經濟停滯，從二〇一二年之前的保持二位數成長，如今跌至零成長。

外債與外逃資金屢屢攀新高，蒙古不得不藉由提高利率留住資金，定期存款利率高達百分之十八，貸款利率更高，導致企業貸款無門。人民承擔高額貸款利息，更讓市場嚴重失衡扭曲，連帶讓首都烏蘭巴托市區青年失業率也創下新高。

蒙古因為天候因素，有很多行業只能營運三到四個月，尤其旅遊業在寒冬中幾乎凍結。蒙古人承受猶如非洲的收入，卻付出日本物價的結構，高房價、高物價、貧富差距、失業率等因素。政黨輪替無法改變讓經濟脫離泥沼，由中國提供主要援助，由國際貨幣基金（ＩＭＦ）接管蒙古的經濟至二〇二〇年，而財政與國家經濟政策權力都交給ＩＭＦ。

蒙古在過去蘇聯時期由共產黨一黨專政，採取親蘇反美、反中路線；民主化之後，蒙古人民黨依舊採取親俄反中，而民主黨偏向親美日反中。由於蒙古貿易對中依賴度近九成，蒙古在美俄中三強之間小心翼翼取得平衡。

如今蒙古經濟停滯最主要原因是中國經濟成長放緩、產能過剩，波及蒙古礦產輸出，面對如此經濟困局，執政黨提出的解決之道卻是把讓蒙古衰退的中國當解藥。

中國與蒙古有最長的邊境，還有分裂族群問題（內外蒙）。蒙古人民長期對中國的恐懼與反中，也呈現在人民工作生活上，如二〇一五年礦工工會的領袖反對中國入股蒙古礦業，在記者會中，對著媒體鏡頭引火自焚抗議。

蒙古執政黨提出改善經濟解決之道，由外而內包括：透過聯俄親中政策，結合中國規畫「一帶一路」、俄羅斯提出「泛歐亞紐帶發展」，以及蒙古倡議的「草原之路計劃」。簡單說，中國一帶一路的高鐵經過蒙古到達俄羅斯，俄羅斯的石油管線與天然氣經過蒙古到中國，蒙古扮演二者必經之路，以此來改善蒙古內部經濟問題。

蒙古人民黨再度上台，或許將終結過去百年反中路線，透過聯俄共同改善與中國關係，如同中俄蒙三國領袖共同宣示，打造串連的經濟帶。不過，蒙古只是中俄兩國之間的走廊，這些響亮的口號要能轉成實質改善人民經濟的利益，蒙古才不會變成中俄兩國間的過路財神。

蒙古的如玉算盤還沒得成，先掉入中國新的經濟殖民的泥沼中，難以脫身。

習近平的「強國定位」呼之欲出

兩會

「中華人民共和國全國人民代表大會會議」（簡稱「全國人大會議」）和「中國人民政治協商會議全國委員會會議」（簡稱「全國政協會議」），兩者召開的時間相近，合稱作「兩會」。

二〇一七年中國政治年度大戲年初是兩會，年底是中共十九大代表大會，全世界注目的是人事異動、未來接班人選、哪一些「不成文」規定會被打破。但除此以外，習近平個人的黨內地位與歷史定位，習近平新時代中國特色社會主義思想入黨章與入憲更是一大觀察指標。

二〇一二年習近平上台提倡中國夢，中國夢成為當下流行語，各種標語都需要掛上中國夢，但似乎中國夢難以成思想指導。一六年習近平推出「二學一做」學黨章黨規、學系列講話、做合格黨員。習近平的系列講話，還沒有匯成一套思想架構。二月底，習近平在北京考察城市規畫與北京冬季奧運籌辦工作，他提出：少年強中國強，體育強中國強，中國以後要變成一個強國，各方面都要強，習近平的中國夢就是強國夢。

毛澤東對中國而言，開國有功，文革有過，但毛澤東思想至今依舊是中共的指導方針，畢竟是有寫入黨章的，毛澤東思想是在一九四五年中共七大入黨章，但在一九五六年八大時因為批判史達林搞個人崇拜，所以黨章取消毛澤東思想，直到文革時期一九六九年九大才又恢復。

中共十九大

即「中國共產黨第十九次全國代表大會」，預定於二〇一七年十月十八日在北京召開。會中將選舉產生第十九屆中央委員會和第十九屆中央紀律檢查委員會成員。

一九七八年中共十一屆三中全會之後，鄧小平取得主導權，以建設中國特色社會主義的理論為主。為了確定改革開放之路能持續貫徹，一九九七年鄧小平過世後，當年中共十五大正式把鄧小平理論寫入中共黨章，讓鄧小平理論與毛澤東思想並駕齊驅。

一九八九年江澤民臨危受命，鄧小平擔心江澤民威望不夠，一次性地把總書記、國家主席、軍委會主席、甚至加封核心，全加持在江澤民身上。直到一九九七年太上皇鄧小平過世，江澤民才逐漸展現自己路線。江澤民三個代表思想在二〇〇〇年萌芽，二〇〇二年十六大胡錦濤上台，當年也把「三個代表」寫入黨章。隔年胡錦濤就開始提倡科學發展觀，並在二〇〇七年中共十七大時也列入黨章，成為重要的思想指導。

如果毛澤東是中共的開國者，定調為「建國」，鄧小平的改革開放讓中國走向富國之路，定調是「富國」，習近平應該是定調「強國」。習近平當然不能只像江澤民、胡錦濤只把單一主張入黨章，而應該是毛澤東思想、鄧小平理論、習近平思想如此這類。

習近平雖是第五代領導人，但卻是第四代核心領袖，習近平的強國之路定位，將設法提升至毛澤東、鄧小平並列，讓「強國人」將不只是網路一句調侃用語。

一帶一路的效應擴散

中國崛起之後，以國家資本的力量，積極在海外拓展經濟版圖，在非洲、東南亞、南亞、中亞以基礎建設鐵公雞（鐵路、公路、機場）為主。在歐美進行科技技術或公司併購為主，但其中阻力也不小，如政黨輪替之後拒絕買單，或以國安理由駁回併購案。

經典案例首推斯里蘭卡，斯里蘭卡結束內戰之後，因為人權紀錄不彰，西方國家採取抵制措施，而中國成為唯一可以貸款的國家，斯里蘭卡跟中國貸款八十億美元，並獲得中國援助興建基礎建設，如首都的港口、南方的軍港、高速公路等等。二〇一五年初總統大選，中國成為反對黨攻擊的目標，執政的總統拉賈帕克薩成為中國的傀儡，斯里蘭卡成為中國的新殖民地，黑箱作業等等。

政黨輪替之後，中國暫停在斯里蘭卡的投資案，經過近兩年的協商，斯里蘭卡總理拜訪北京，提出八十億美元的貸款，以債轉股方式處理，中國接受且重返斯里蘭卡的各項投資案。

蒙古脫離蘇聯獨立之後，改善與中國的關係，但經濟依賴中國越重，人民反中越深，中國的產能過剩之後，連動蒙古的經濟呈現崩盤，二〇一六年國會改選，蒙古人民黨提出「大草原計劃」希望與中國的一帶一路接軌，讓中國高鐵經過蒙古到俄羅斯，讓俄羅斯的油管經蒙古到中國。二〇一七年初蒙古向IMF與中國借款，但二〇一七年的總統大選中，中國威脅論成為這次大選的主軸，除了候選人紛紛公開自己的血源與中國無關以外，如何切割中國，成為選舉的議題。

泰國上屆民選政府盈拉承諾中國，用稻米換高鐵計劃，後來因為軍事政變，導致計劃中斷，重起談判。中國對外經濟擴張往往與當地的執政黨合作，如果政黨輪替或任合形式的更換，恐怕都導致合作中斷。

因此習近平在就職週年（二〇一三年）出訪哈薩克，首度提出一帶一路經濟合作概念，絲綢之路經濟帶簡稱「一帶」，二十一世紀海上絲綢之路簡稱「一路」。二〇一四年李克強寫入國務院工作報告，並發起亞洲基礎建設投資銀行（亞投行），由中國一手主導的國際組織。

二〇一七年首次在北京召開「一帶一路」國際合作高峰論壇，提出最終

一帶一路

二〇一三年，習近平倡議並主導的跨國經濟合作概念，全稱為「絲綢之路經濟帶和21世紀海上絲綢之路」，英譯：The Belt and Road；簡稱B&R。

要投資九千億美元（約二十七兆台幣），成為全球史上單一國家發起的最大規模的海外投資案。

一帶一路與亞投行除了展現中國以帶動區域發展擔任火車頭角色，也可以解決中國產能過剩的問題，用國際組織非單一中國，避免成為當地反對黨的標靶。反中的背後，有在地利益的反撲，有加大貧富差距加深，有因中國的投資引發當地的貪污腐敗的惡化等負面效應。

中國帶領這一波全球化，雖有經濟共榮共享，協助落後國家的發展，但如果無法有效改善其負面效應，反中的聲浪也會形成另類的「一帶一路」。

亞投行

全稱為「亞洲基礎設施投資銀行」，英文縮寫：ＡＩＩＢ，係由中國主導，向亞洲各國家和地區政府提供資金以支持基礎設施建設的區域多邊開發機構，宗旨在於促進亞洲區域內的互聯互通建設和經濟一體化，並加強中國及其他亞洲國家和地區的合作。

後記

洪耀南

習近平的時代，一切都剛剛開始

中國共產黨即將邁入一百年，百年來形成很多共產黨政治文化，也打破很多舊習慣，毛澤東在文革時期就提出「大破大立、不破不立：破字當頭、立在其中」，不破不立，先破先立，是毛澤東思想。毛澤東給「破」下的定義，破就是批判，就是革命，進一步把破除當成建設必要條件，「破」等於「立」。這主要是為文革這場非程序、超越舊組織的運動提供合法的依據，肯定「破」的重要與優先，突顯毛澤東對「制度」的不信任。

鄧小平取得政權之後，摸著石頭過河，經歷胡耀邦、趙紫陽等事件，摸出經驗也得出結論，加上毛澤東時期政治動盪不安的教訓，發現唯有建立制度，執政者才能穩定，因此建立了諸如二任制度、隔代指定接班、韜光養晦不出頭等，這制度是從上而下大家可以遵循、不逾矩的規範。中國經濟改革的成就是建立在中國政治穩定之上，或者說是建立在鄧小平所訂下的權力遊戲規則之上。

除弊與權鬥

習近平打破過去的慣例與默契，採取毛澤東的「大破」，但「立」是否在其中？各有各的看法，但沒有建立新制度之前，中共政治恐怕短期內會出現所謂「明槍易躲、暗箭難防」荒腔走板且沒有固定套路的亂鬥，任何招式或可能都會產生。為什麼明明只是任期的中繼，大家卻對「十九大」前後充滿各種揣測與想像？就是因為只看到「破」而沒有看到其中的「立」，十九大是習近平的時代剛剛才要開始而已。這現象恐怕要維持到二〇二一年中共百年之後，藉由除弊的權鬥，催化內外在環境的變化，權力才會真正集中在習近平身上。

問題與興利

中共對於政治問題的控制力度加大，但習近平的最大隱憂來自民間社會，積累的問題改革速度不如預期，加上國民所得增加，成長率逐漸下降，過去習慣用成長代替分配、用成長壓抑矛盾的方式，是否還適用？拉起絕對貧窮，相對貧窮的鴻溝也逐漸加大，當中國跨過中等收入陷阱之後，社會矛盾與社會需求不滿恐怕是習近平第二任任期要面對的。

中國大陸的社會逐漸開放，如何用傳統意識形態「習近平思想」統治？這才是習近平時代開始的挑戰。

香港與兩岸

中國大陸對香港或台灣都會持續出現作用力與反作用力，最核心的心態不改變，就會像《呂氏春秋》的〈亡鈇意鄰篇〉，中國就是那位亡鈇者，

「意其鄰之子。視其行步，竊鈇也；顏色，竊鈇也；言語，竊鈇也；動作態度，無為而不竊鈇也。」現在對待台灣或香港就像「其鄰之子」。

兩岸關係進入亡鈇者的角色，視對方任何的動作言行都是如自己所想如此，恐怕不利兩岸和平穩定發展，如何換位思考，說來容易但做來不易，讓善意多一分，中港或兩岸關係的改善就會多一分。習近平需要毛澤東的自信、鄧小平的謀略，才能改善中港或兩岸越來越深的矛盾。

強國崛起

強國的崛起有主客觀的因素，但中國的崛起之路，是中國大陸內政或經濟的考量，並非基於推廣價值理念或承擔責任，如一帶一路是為了化解中國內部產能過剩、對外擴張，但大陸資源投入的回收期限不斷拉長，如果影響或引發中國內部的問題，是否會如鄭和下西洋，或一九四六年蔣介石在中國，只是歷史上的曇花一現？

這本書的出爐首先要感謝郭宏治（顧爾德）先生，因為他邀請我成為《新新聞》專欄的作者，在這一年多的寫作中，受益於宏治兄的指點；當然也感謝林宜敬兄、游士賢兄不斷交換彼此對時事的看法。感謝淡江大陸所師長，尤其張五岳、郭建中、陳建甫老師；台大國發所陳明通、周繼祥等師長；文化大學國家發展與中國大陸研究所上邵宗海、趙建民、龐建國等師長一路傳授相關知識。感謝的人太多，但重中之重，當然更要感謝內人秀美默默的支持。

二〇一七年九月十二日

血歷史101　PC0672

新銳文創 INDEPENDENT & UNIQUE

中共百年，看習近平十年

作　　者　洪耀南
責任編輯　鄭伊庭
圖文排版　周妤靜
封面設計　葉力安

出版策劃　新銳文創
發 行 人　宋政坤
法律顧問　毛國樑　律師
製作發行　秀威資訊科技股份有限公司
114 台北市內湖區瑞光路76巷65號1樓
電話：+886-2-2796-3638　傳真：+886-2-2796-1377
服務信箱：service@showwe.com.tw
http://www.showwe.com.tw
郵政劃撥　19563868　戶名：秀威資訊科技股份有限公司
展售門市　國家書店【松江門市】
104 台北市中山區松江路209號1樓
電話：+886-2-2518-0207　傳真：+886-2-2518-0778
網路訂購　秀威網路書店：http://store.showwe.tw
國家網路書店：http://www.govbooks.com.tw

出版日期　2017年10月　BOD一版
2018年3月　增訂版
定　　價　360元

Printed in Taiwan

國家圖書館出版品預行編目

中共百年, 看習近平十年 / 洪耀南著. -- 一版. --
臺北市 : 新銳文創, 2017.10
面； 公分
BOD版
ISBN 978-986-95452-0-4(平裝)

1.中國大陸研究 2.文集

574.107 106016271

讀者回函卡

感謝您購買本書，為提升服務品質，請填妥以下資料，將讀者回函卡直接寄回或傳真本公司，收到您的寶貴意見後，我們會收藏記錄及檢討，謝謝！
如您需要了解本公司最新出版書目、購書優惠或企劃活動，歡迎您上網查詢或下載相關資料：http:// www.showwe.com.tw

您購買的書名：＿＿＿＿＿＿＿＿＿＿＿＿＿＿＿＿＿＿＿＿

出生日期：＿＿＿＿年＿＿＿＿月＿＿＿＿日

學歷：□高中（含）以下　□大專　□研究所（含）以上

職業：□製造業　□金融業　□資訊業　□軍警　□傳播業　□自由業
□服務業　□公務員　□教職　□學生　□家管　□其它＿＿＿

購書地點：□網路書店　□實體書店　□書展　□郵購　□贈閱　□其他

您從何得知本書的消息？

□網路書店　□實體書店　□網路搜尋　□電子報　□書訊　□雜誌
□傳播媒體　□親友推薦　□網站推薦　□部落格　□其他＿＿＿＿

您對本書的評價：（請填代號　1.非常滿意　2.滿意　3.尚可　4.再改進）

封面設計＿＿　版面編排＿＿　內容＿＿　文／譯筆＿＿　價格＿＿

讀完書後您覺得：

□很有收穫　□有收穫　□收穫不多　□沒收穫

對我們的建議：＿＿＿＿＿＿＿＿＿＿＿＿＿＿＿＿＿＿＿＿

＿＿＿＿＿＿＿＿＿＿＿＿＿＿＿＿＿＿＿＿＿＿＿＿＿＿

＿＿＿＿＿＿＿＿＿＿＿＿＿＿＿＿＿＿＿＿＿＿＿＿＿＿

＿＿＿＿＿＿＿＿＿＿＿＿＿＿＿＿＿＿＿＿＿＿＿＿＿＿

請貼
郵票

11466
台北市內湖區瑞光路 76 巷 65 號 1 樓
秀威資訊科技股份有限公司 收
BOD 數位出版事業部

(請沿線對折寄回,謝謝!)

姓　　名:＿＿＿＿＿＿＿＿　年齡:＿＿＿＿　性別:□女　□男

郵遞區號:□□□□□

地　　址:＿＿＿＿＿＿＿＿＿＿＿＿＿＿＿＿

聯絡電話:(日)＿＿＿＿＿＿＿＿(夜)＿＿＿＿＿＿＿＿

E-mail:＿＿＿＿＿＿＿＿＿＿＿＿＿＿＿＿